I0766083

¿Malestar en la cultura?
Una crítica a la filosofía de
SIGMUND FREUD

Luis Arturo Pelayo

MÉXICO - 2019

Copyright © 2019 Luis Arturo Pelayo

Todos los derechos reservados.

ISBN: 9781706286783

Se prohíbe la reproducción total o parcial de esta obra
—incluido el diseño tipográfico y de portada—,
sea cual fuere el medio, electrónico o mecánico,
sin el consentimiento por escrito del editor.

www.editorialtrazo.com

Para Ale,

que me ha enseñado la alegría de vivir.

ÍNDICE

INTRODUCCIÓN

Dentro de los problemas clásicos que ha abordado la filosofía, los relacionados con el ser humano (expresados en cuestiones como las siguientes: ¿qué es el hombre?, ¿posee una naturaleza?, ¿cuáles son las fuerzas que motivan su acción?, ¿cómo reacciona frente a la influencia del entorno cultural?, ¿cuál es el criterio para juzgar sus actos?, etcétera), conservan, indudablemente, vigencia en la reflexión actual, hasta el punto en que podrían constituirse como un "compromiso intelectual".

En este sentido, las respuestas que para cada una de estas preguntas se han ofrecido son tantas y tan distintas como filósofos han existido, máxime si se considera que las respuestas son más o menos pertinentes en función de contextos históricos y culturales concretos, por lo que con el tiempo muchas dejan de tener vigencia y exigen reformulaciones.

Siguiendo esta premisa, ¿por qué volver a preguntar sobre lo humano a partir de los planteamientos de Sigmund Freud? ¿No han perdido acaso su vigencia? ¿Pueden todavía convertirse en el punto de partida para construir un marco teórico que nos permita comprender integralmente al hombre de hoy?

Si consideramos la dinámica en que se desenvuelve la vida humana actual, caracterizada por un predominio cada vez mayor de las pasiones como criterio para regir la conducta, desafiando y superando, en numerosas ocasiones, a la razón, hemos de reconocer que los planteamientos de Freud resultan más que obligados: el ser humano está influido en su actuar por las diferentes fuerzas que lo constituyen y que luchan entre sí (razón y pasiones, entre otras); las contradicciones a que está sujeto lo desconciertan y le provocan tensión, y existe un conflicto entre los preceptos racionales que la cultura le obliga a guardar y su fuerza pulsional que busca libre expresión.

Sin duda los avances científicos de las últimas décadas han propiciado un mayor control del hombre sobre el entorno, pero también se hace patente que numerosos problemas que él experimenta tienen su origen precisamente en su interior. Fuerzas de las que no somos conscientes motivan nuestro actuar, aun en contra de nuestra voluntad, provocándonos conflicto con otras personas. Habría que preguntarnos, entonces, si los principales obstáculos a la felicidad humana no provienen de la misma naturaleza del hombre. No resulta extraño, así, que uno de los pensadores que más impacto ha tenido en el siglo XX sea precisamente Freud, con su intento de hacer un diagnóstico científico de los problemas de la personalidad humana y, a su manera, ofrecer una alternativa de cura para hacer la vida humana más llevadera.

En este marco, desde la perspectiva freudiana el conflicto interior del hombre (entre razón y pasiones), así como la tensión en las relaciones sociales, provoca que el hombre (que vive inmerso en la cultura) experimente *malestar*. Aunque este "malestar en la cultura" se habría podido estudiar desde otras perspectivas, aquí se retoma el psicoanálisis y la teoría de Freud porque constituyen un elemento esencial, indiscutible, de la cultura contemporánea, hasta el punto de poder estigmatizar intelectualmente a quien no conozca, por lo menos, las nociones básicas de los descubrimientos freudianos (quizá exagerando, pero no sin fundamento, afirmó William James que el descubrimiento más importante del siglo XX fue el inconsciente).

La aportación de Freud se ha integrado progresivamente a la base epistemológica de las ciencias sociales (como la psicología, la antropología, la sociología, así como a la práctica de la pedagogía, el trabajo social e inclusive el derecho), de la misma manera que se ha infiltrado en la reflexión filosófica, como lo ilustran las teorías de Adorno, Fromm y Marcuse.

Asimismo, hoy en día resulta vano el intento de toda antropología filosófica que pretenda responder a las interrogantes esenciales sobre la naturaleza humana y no considere las contribuciones del psicoanálisis. Un intento de esa índole se revelaría pronto como mera postulación nominalista, construcción ideológica o especulación desencarnada que no resulta significativa para el hombre. Además, la experiencia cotidiana de la neurosis y la vigencia renovada de la terapia psicoanalítica para su tratamiento nos hablan del pensamiento freudiano como un tema de indiscutible actualidad. En numerosas universidades e institutos de reconocido prestigio se imparten cursos, talleres, diplomados y estudios de posgrado sobre la teoría psicoanalítica, cuyas bases se encuentran en el pensamiento de Freud. Y esta necesidad de incluir la teoría freudiana entre los saberes contemporáneos más reconocidos se ve reforzada por la creciente tendencia a dejar de rechazar los instintos en favor de la razón, para buscar, más bien, entender y aceptar los impulsos básicos en lugar de juzgarlos y condenarlos.

Sin embargo, también es obligado decir que aunque fue Freud quien puso las más firmes bases para el estudio de las fuerzas y pulsiones —inconscientes— que operan dentro del individuo y explican su actuar, su diagnóstico se vuelve pesimista al decir que, de acuerdo a la estructura humana y considerando las normas sociales necesarias para la supervivencia de la cultura, la relación entre individuo y sociedad será siempre de malestar. El objetivo de este libro consiste, así, en una problematización de dicho diagnóstico freudiano: aceptando el modelo antropológico que Freud propone, en el cual se explica detalladamente la constitución instintiva del ser humano, resulta desesperanzador el hecho de que no se pueda dar una relación con los otros en la cultura más que de malestar. Y surge una inquietud: ¿será posible que el hombre (racional y pulsional) pueda vivir dentro de la cultura (con el carácter normativo que ésta comporta) sin experimentar malestar, viviendo satisfecho y logrando equilibrar sus demandas con las del grupo social? Por el bien del mismo hombre, la respuesta tendría que ser afirmativa.

A lo largo de los tres capítulos que constituyen el libro, se expone y problematiza la postura del malestar en la cultura que Freud consideró inevitable, para dar paso a un planteamiento caracterizado por una relación de bienestar entre el individuo y su cultura.

En el primer capítulo expongo el concepto de hombre previo a Freud (el de la filosofía moderna, en concreto a partir de los postulados de Descartes) y el que él mismo propone. En este último, el individuo se caracteriza por poseer, junto con su capacidad racional, poderosas pulsiones inconscientes que ejercen dominio sobre la personalidad, modificando y condicionando la acción. Así, el hombre no sólo es un ser consciente, sino que posee una dimensión oscura, inconsciente, en la cual se encuentra la energía instintiva (agresiva y erótica), tendiendo siempre a la descarga. En esa descarga radicaría la dicha o felicidad humana.

En el segundo capítulo presento la forma en que el hombre, respondiendo a las características mencionadas anteriormente, se une en grupos sociales para dar lugar a la cultura. Dentro de esta sociedad creada por él, no es posible la satisfacción directa de la energía instintiva, ya que su descarga implicaría un atentado contra las leyes fundamentales de la cultura y cada cual se procuraría una satisfacción que podría generar conflicto con las necesidades o deseos del otro, y aun la autodestrucción. Por ello, el individuo se encuentra restringido por una serie de normas que lo reprimen y le ocasionan malestar —neurosis—. Le es posible sublimar, canalizar su energía hacia actividades socialmente aceptadas (como el arte), pero siempre permanece en él una sensación de malestar (por pequeña que sea o parezca, además de que no todas las vías de sublimación son accesibles a las mayorías), al no ser permitida la descarga directa.

Por último, en el tercer capítulo presento algunas alternativas ante el malestar diagnosticado por Freud, que surgen al asumir los postulados fundamentales de su modelo antropológico (con ciertos matices), aunque problematizando algunos aspectos en cuya profundización se encuentra una solución al problema del malestar, como el concepto de felicidad, por citar un ejemplo (la problematización de la posición freudiana y la posibilidad de encontrar nuevas alternativas para sostener una relación saludable entre el hombre y su cultura se basan en las críticas expuestas por Erich Fromm y Herbert Marcuse).

Evidentemente, no es intención del libro presentar una investigación exhaustiva sobre estas alternativas, sino sólo mostrar caminos, vetas que se deben seguir estudiando y cuestionando pero que resultan esperanzadoras para el hombre en tanto abren la posibilidad de hablar de un bienestar dentro de la cultura, sin dejar de lado los postulados esenciales de Freud en el ámbito antropológico.

EL SER HUMANO EN LA TEORÍA FREUDIANA

El estudio del ser humano, dentro de la teoría freudiana, implica hacer la diferenciación entre los términos *hombre* y *sujeto*, ya que este último es el concepto predominante en el pensamiento moderno que antecede teóricamente a Freud, y contra el cual reacciona este autor, conduciendo al desplazamiento de la problemática del *sujeto* para abrir paso a la comprensión del hombre como un ser complejo caracterizado por sus pulsiones. De esta manera, si se pretende hablar de una *teoría freudiana de la subjetividad* para exponer lo que Freud entiende por el hombre, habrá que explicar en qué sentido se dice *sujeto*, pues en la modernidad se define de una manera completamente distinta; cabría decir que con Freud se habla de un *nuevo sujeto*.

A continuación expongo (en una breve descripción encaminada únicamente a contextualizar el problema) la forma en que el pensamiento filosófico llegó a tratar con tanta importancia el tema del sujeto, que luego sería sustituido, tal como acontece en la propuesta freudiana, por un concepto más amplio que abre la posibilidad de caracterizar al hombre como un ser que, aunque racional, también se define por sus pulsiones.

A lo largo de la historia, el pensamiento filosófico ha girado en torno a diversas temáticas que, como objeto de la reflexión de los pensadores, han respondido al desarrollo intelectual e histórico de la cultura; así, desde que la filosofía surgió se ha privilegiado en cada época un tema central: el mundo, Dios o el hombre.

Con la aparición de la filosofía en la antigua Grecia, la pregunta básica giraba en torno a la cuestión del fundamento último de la realidad material o *physis*, el cual se creía en el agua, el aire, etcétera. Numerosos pensadores ofrecieron su reflexión en busca de la respuesta a esta cuestión, y como resultado de dicha búsqueda se inauguró el pensamiento metafísico (Parménides encontró lo común a todo lo existente en el *Ser*, al cual concebía como uno, permanente, idéntico y trascendente). Con el desarrollo del pensamiento cristiano y el advenimiento de la época medieval, el tema central de la filosofía se encontró vinculado al pensamiento religioso y la explicación última de toda la realidad se cifró en Dios. Sin embargo, con la llegada de la modernidad se puso en entredicho la interpretación religiosa que había predominado, de modo que el pensamiento dejó de centrarse en el mundo y en la divinidad, para ceder su lugar al *sujeto*, que con sus criterios era capaz de fundamentar la realidad.

El *sujeto* de la modernidad y su derrumbe

Durante la modernidad, la filosofía rechazó las especulaciones estériles e infructuosas, así como los principios dogmáticos y los criterios autoritarios en la explicación de los acontecimientos, y se centró principalmente en el ámbito epistemológico. Tratando de descubrir cómo era posible el conocimiento, se buscaron ciertas normas que garantizaran al hombre la consecución del conocimiento verdadero, partiendo del principio de evidencia: debía existir claridad absoluta en los conocimientos —ser evidentes—, y para adquirirlos había de utilizarse un método adecuado.

A partir de estos postulados, Descartes puso en duda los conocimientos adquiridos por medio de la tradición; dudó incluso de la realidad misma, para concluir que lo único sobre lo cual no podía dudar era precisamente del hecho de que dudaba. Con esta primera evidencia concluyó que quedaba demostrada su propia existencia (no es posible dudar sin existir; *cogito ergo sum*), de modo que durante la modernidad este postulado cartesiano se volvió el pilar que fundamentaba la teoría del conocimiento: la conciencia del hombre, el yo, era el fundamento de la realidad. Hizo su aparición el *sujeto*, como ese sustrato permanente, uno, capaz de producir conocimientos sólidos y fundados.

La palabra *sujeto*, del latín *subjectum*, es el término que indica "lo que está puesto debajo", y se refiere al sustrato, lo que permanece en el cambio. Es "[...] el yo, el espíritu o la conciencia como principio determinante del mundo del conocimiento o de la acción".[1]

Descartes hizo del sujeto (el "yo pienso" o la razón humana reflexiva) el punto de partida de todo conocimiento, y el hombre se concibió como una unidad siempre idéntica y diferenciable respecto de los demás seres u objetos del mundo. Mediante esta conciencia de sí, el hombre se vio como sujeto en un mundo de objetos; el objeto es o existe sin más, mientras que el sujeto establece de un modo consciente relaciones y finalidades.

La filosofía moderna apareció, así, con el establecimiento, por parte de Descartes, de toda la certeza del pensar sobre la propia subjetividad. En sus *Meditaciones metafísicas*, consideró a la conciencia como la fuente única de certeza y modelo de conocimiento, y la identificó, además, con el yo o la sustancia del individuo:

> [...] como sé de cierto que existo y, sin embargo, no advierto que convenga necesariamente a mi naturaleza o esencia otra cosa que ser cosa pensante, concluyo rectamente que mi esencia consiste sólo en ser una cosa que piensa, o una sustancia cuya esencia o naturaleza toda consiste sólo en pensar.[2]

En la época moderna se habló del hombre sólo como este sujeto consciente y fundante. La manera en que Freud entiende al ser humano (como nuevo *sujeto* escindido, un hombre pulsional) diferirá considerablemente de este paradigma ilustrado, pues el descubrimiento y estudio del inconsciente permitirán a Freud afirmar que en el hombre existe una región profunda, más allá de lo que puede percibir con absoluta claridad y distinción; la acción humana quedará, entonces, condicionada por motivos inconscientes, de modo que la pretendida unidad del sujeto de la modernidad se derrumbará.

Paul Ricoeur afirma que en la teoría freudiana se da una ausencia de toda interrogación radical acerca del sujeto del pensamiento y de la existencia:

> Es muy cierto que Freud ignora y rechaza toda problemática sobre el sujeto originario [...] ¿Buscamos el yo? Lo que aparece es el ello. ¿Apelamos del ello a la instancia dominadora? Lo que se presenta es el superyó. ¿Perseguimos al yo en su función afirmativa, defensiva y expansiva? Lo que se descubre es el narcisismo, suprema pantalla entre el sí y el sí mismo. El círculo se cierra y el Ego del *Cogito-sum* se nos escapa siempre.[3]

Así, Freud critica, como más adelante expongo al explicar su concepto de ser humano, la conciencia inmediata que se volvió característica esencial del pensamiento moderno. Frente a este tipo de pensamiento ilustrado nos ofrece, junto con los demás pensadores de la *filosofía de la sospecha*,[4] una concepción de hombre en la que el acento no recae sobre la actividad consciente del ser humano, sino en un fondo oculto motivador de la acción (incluso con mayor fuerza que la que imprime la actividad racional), que en el caso de Freud se encuentra en la dimensión instintiva o pulsional que el hombre tiene.[5]

Para entender la postura freudiana sobre el hombre, presento a continuación los diversos aspectos que conforman su estructura, partiendo del descubrimiento fundamental al que Freud llega mediante el trato con pacientes histéricos: el *inconsciente* (descubrimiento que se ve confirmado, como también se expone, mediante el estudio del fenómeno onírico en pacientes sin patologías de tipo histérico).

El inconsciente

Gracias al tratamiento de sus pacientes mediante la hipnosis, Freud percibió la existencia de escenas significativas, pero olvidadas, de sus vidas, las cuales sólo eran recuperables mediante dicho tratamiento médico. Esto le produjo profundas interrogantes:

> ¿A qué se debía que los enfermos hubieran olvidado tantos hechos del vivenciar externo e interno y sólo pudieran recordarlos cuando se les aplicaba la técnica descrita [hipnosis]? La observación respondió exhaustivamente a estas cuestiones. Todo lo olvidado había sido penoso de algún modo: produjo terror, dolor o fue vergonzoso para las exigencias de la personalidad. Entonces era forzoso pensar que justamente por eso se le olvidó, es decir, no permaneció consciente.[6]

Freud concluyó de aquí la existencia de una instancia que forma parte del ser humano en la cual se concentran las pulsiones así como los hechos que permanecen algún tiempo latentes o ignorados por el sujeto, debido a ciertos procesos como la *represión* (proceso por el que el yo se deshace de una pulsión chocante, bloqueándole el acceso a la conciencia y a la descarga motriz directa, aunque eso no impide que conserve su plena investidura energética[7]). Denominó a esa instancia *inconsciente*. Éste se encuentra formado por pulsiones que quieren liberarse; el inconsciente sólo puede desear, pues en él no hay duda ni certeza, sino cargas de mayor o menor fuerza. Los procesos que lo forman no toman en consideración alguna la realidad, ya que están subordinados al principio del placer (descarga de energía pulsional).[8]

Las pulsiones, que forman parte del inconsciente, son representantes psíquicas de las excitaciones provenientes del interior del cuerpo que consiguen llegar al espíritu. Emanan excitaciones orgánicas no externas, sino internas, y aparecen como una fuerza o energía constante; además, es imposible escapar de ellas, pues tienen una única finalidad: satisfacerse.[9] Esta energía es el factor que fundamenta la acción causal entre lo latente y lo manifiesto; adopta distintas formas, según leyes determinadas de evolución y el influjo del ambiente y se constituye como una necesidad orgánica cuyo efecto provoca una tensión psicológica, impulsando al individuo a actuar en el sentido de intentar satisfacer esa necesidad con el fin de disolver la tensión.

La comprensión inicial de Freud con respecto al inconsciente partió de sus estudios con pacientes histéricos, de donde afirmó que los motivos que originan sus síntomas, su significado y la íntima relación que tienen con la propia existencia, se muestran como desconocidos para el paciente que los sufre, por lo que sus síntomas son el resultado de un proceso real y profundamente vivido por él, pero del cual no tiene conciencia, de modo que considera sus propios síntomas como productos extraños, faltos de sentido, sin relación alguna con su realidad; los considera absurdos.

La personalidad consciente se defiende de los deseos intolerables para sus aspiraciones éticas y los margina de la conciencia, los olvida, los reprime, son relegados al inconsciente excluyéndolos de la memoria. Así, con Freud se niega la equivalencia entre el *psiquismo* (fenómenos en el individuo a nivel interno, específicamente en el ámbito mental) y la *conciencia*.[10]

En el inconsciente también se encuentran, junto con las pulsiones, los contenidos reprimidos a los que precisamente la fuerza de la represión les priva del acceso directo al sistema consciente; pero no se destruye la actividad de dichos contenidos y éstos siguen actuando desde el inconsciente y emergen, aunque profundamente deformados, hasta la conciencia; los síntomas de pacientes histéricos y los sueños serían expresiones deformadas de contenidos reprimidos.

En un primer momento, Freud estudió los contenidos del inconsciente gracias al tratamiento de sus pacientes; sin embargo, mediante el análisis del fenómeno onírico (que en su época era descartado por no ser considerado científico, además de que se le relegaba por el hecho de que los sueños se recuerdan de modo impreciso) generalizó sus descubrimientos y profundizó en los contenidos del inconsciente, creyendo que era posible deducir del examen de los sueños casi todas las conclusiones a las que el análisis de las neurosis había conducido.

Se descubrió un día que los síntomas patológicos de determinados sujetos nerviosos poseían un sentido, descubrimiento que constituyó la base y el punto de partida del tratamiento psicoanalítico. En este tratamiento se observó, después, que los enfermos incluían entre sus síntomas algunos de sus sueños, y esta inclusión fue lo que hizo suponer que dichos sueños debían poseer igualmente su sentido propio.[11]

Considerando la importancia que Freud concedió al fenómeno onírico, y siendo decisivas las conclusiones a las que llegó a partir de su análisis, expongo enseguida la forma en que el sueño se vuelve, mediante la interpretación, la vía privilegiada para acceder al inconsciente, pues el mismo Freud afirma que "[...] el estudio del sueño debe ser considerado como el camino más seguro para la investigación de los más profundos procesos anímicos".[12] Más adelante retomaré la explicación de los contenidos de dicha dimensión "oscura" de la personalidad, a saber, los diferentes tipos de instintos humanos.

Los sueños

Freud rechaza la concepción en la que el sueño se concibe como un desecho de la vida mental cuyo único problema sería la falta de sentido, pues cree que es "[...] una manifestación de la vida psíquica durante el reposo",[13] además de ser susceptible de interpretación (entendiendo por ésta al hecho de "[...] hallar un sentido oculto"[14]).

Con estos elementos analiza los sueños de sus pacientes y deduce en ellos la existencia de un contenido *manifiesto* y otro *latente*: "Llamaremos *contenido manifiesto* del sueño a aquello que el mismo desarrolla ante nosotros, e *ideas latentes del sueño* a aquello que permanece oculto y que intentaremos descubrir por medio del análisis de las asociaciones que surgen en el sujeto a propósito de su sueño".[15] Siendo estos dos elementos parte del mismo fenómeno onírico,

Freud clasifica los sueños de acuerdo a la relación entre lo latente y lo manifiesto:

> Distinguiremos en primer lugar aquellos que poseen un sentido y que al mismo tiempo son comprensibles; esto es, susceptibles de ser incluidos sin violencia en nuestra vida psíquica. Tales sueños, breves en general, son muy frecuentes y no despiertan, en su mayoría, nuestra atención por carecer de todo aquello que pudiera causarnos extrañeza o asombro [...] Un segundo grupo está formado por aquellos sueños que, aunque presentan coherencia y poseen un claro sentido, nos causan extrañeza por no saber cómo incluir dicho sentido en nuestra vida psíquica [...] Al tercer grupo pertenecen, por último, aquellos sueños que carecen de ambas cualidades: sentido y comprensibilidad, y se nos muestran incoherentes, embrollados y faltos de sentido. [16]

Y prosigue con la explicación de esos distintos tipos de sueños:

> De aquellos que se muestran comprensibles y presentan un claro sentido, hemos averiguado que son francas realizaciones de deseos; esto es, que la situación del sueño constituye en ellos la satisfacción de un deseo conocido de la conciencia, que ha quedado sin realizar en el día y es digno de interés. Sobre los sueños oscuros y embrollados nos enseña también el análisis algo análogo: la situación del sueño presenta también realizado un deseo que surge regularmente de las ideas latentes, pero la representación es irreconocible, no pudiendo aclararse sino por medio del análisis, y el deseo ha sucumbido a la represión y es extraño a la conciencia o está íntimamente ligado a ideas reprimidas que lo sustentan. La fórmula para tales sueños será, pues, la siguiente: son realizaciones disfrazadas de deseos reprimidos. Es muy interesante observar aquí que la opinión popular está en lo justo cuando considera el sueño

como predicción del porvenir. En realidad, es el porvenir lo que el sueño nos muestra, mas no el porvenir real, sino el que nosotros deseamos. El alma popular se conduce aquí, según su costumbre, creyendo lo que desea.[17]

Así, para Freud los sueños pueden manifestarse como realizaciones de deseos lícitos —no reprimidos— o pueden exteriorizar disfrazadamente un deseo reprimido (sueños que necesitarían del análisis). Esto lleva a Freud a postular la existencia de una censura (una instancia represora) que impide a ciertos contenidos inconscientes presentes en el ser humano manifestarse de manera consciente, pero que durante el sueño disminuye sus restricciones, de modo que mediante un disfraz permite ese acceso de lo inconsciente a lo consciente.

Suponemos que en nuestro aparato psíquico existen dos instancias generadoras de ideas, la segunda de las cuales posee el privilegio de que sus productos encuentran abierto al acceso a la conciencia, mientras que la actividad de la primera instancia es inconsciente en sí y no puede llegar a la conciencia sino pasando por la segunda. En la frontera entre ambas instancias, o sea en el paso de la primera a la segunda, se encuentra una censura que no deja pasar sino aquello que le agrada, deteniendo todo lo demás. Lo rechazado por la censura se halla entonces, según nuestra definición anterior, en estado de represión. Bajo determinadas condiciones, una de las cuales es el sueño, se transforma la relación de las fuerzas entre ambas instancias, de tal modo, que lo reprimido no puede ya ser reprimido por completo. Esto sucede, hallándose dormido el sujeto, por un relajamiento de la censura, y entonces, lo hasta el momento reprimido consigue abrirse camino hasta la conciencia. Mas como la censura no cesa jamás totalmente, sino que lo que hace es sufrir una disminución, tiene lo reprimido que tolerar transformaciones encaminadas a mitigar aquellos de sus caracteres que provocan la repulsa. Lo que en este caso llega a hacerse consciente es una especie de transacción entre lo intentado por una de las instancias y lo permitido por la otra.[18]

De este modo, la deformación que se observa en los sueños obedece a la represión y la censura: "[...] la deformación onírica es una consecuencia de la censura que las tendencias confesadas del yo ejercen contra tendencias y deseos indecorosos que surgen en nosotros durante el reposo nocturno".[19] "Hemos hallado que la deformación que nos impide comprender el sueño es efecto de una censura que ejerce su actividad sobre los deseos inaceptables inconscientes".[20]

Sin embargo, cuando el sujeto despierta la censura recobra rápidamente toda su intensidad, por lo que destruye muchos de los contenidos del sueño, los cuales son olvidados.

Esa deformación onírica debida a la censura o represión se denomina "elaboración" o "trabajo de sueño": "El disfrazamiento es el efecto de un trabajo, el 'trabajo del sueño'".[21] Y en este proceso existen diversos mecanismos por medio de los cuales los deseos reprimidos aparecen en un lenguaje ambiguo: la condensación, el desplazamiento y la figuración.[22]

De lo dicho anteriormente se puede concluir que existen en el ser humano numerosos deseos, generalmente ilícitos, que no pueden llevarse a cabo en la vida diurna, por lo cual se expresan mediante disfraces y símbolos en los sueños, justo por las noches, durante el descanso, cuando la instancia censora disminuye su nivel de vigilancia y permite el paso de ciertos contenidos a la instancia consciente (aunque profundamente deformados gracias al trabajo de sueño).

No puedo explicarme este estado de cosas sino aceptando que tales ideas [deseos inconscientes] existían realmente en mi vida psíquica y poseían una cierta intensidad o energía, pero se encontraban en una peculiar situación psicológica, a consecuencia de la cual no podían hacérseme conscientes. Este especial estado es el que conocemos con el nombre de estado de represión. No puedo entonces por menos de admitir una relación causal entre la oscuridad del contenido del sueño y el estado de represión, o sea la incapacidad de devenir conscientes de algunas de las ideas del sueño, y me veo obligado a concluir que el sueño tiene que ser oscuro para no revelar las prohibidas ideas latentes. De este modo, llego al concepto de la deformación del sueño, obra de la elaboración del mismo, puesta al servicio de la ocultación de dichas ideas; esto es, del propósito de mantenerlas secretas.[23]

Así, en el ser humano existen ideas inconscientes, deseos que pugnan por llegar a la conciencia y satisfacerse, actividad que es obstaculizada por una instancia represora (primero llamada *preconsciente* y luego *superyó*, evolución que se aborda más adelante). Y con estos elementos aportados por el análisis de las patologías y la interpretación de los sueños, Freud postula la existencia de una dimensión inconsciente de la personalidad, en la cual se alojan los instintos originarios del hombre.

Cabe preguntarnos, ahora, cuáles son esos deseos instintivos que resultan tan peligrosos para la conciencia y que la filosofía, en su afán de racionalización, marginó de su definición de hombre.

Las pulsiones

En este punto la teoría freudiana presentó una importante evolución con el paso del tiempo. En un primer momento,

Freud creyó que el ser humano poseía dos grupos de instintos: los dotados de energía libidinosa —sexuales— y los instintos de autoconservación, y la vida psíquica del hombre se constituía a partir del conflicto entre el principio de placer y el principio de realidad.[24] En ese periodo, Freud no concedió a los instintos de autoconservación su pleno valor, pues les negó todo carácter libidinoso y creyó que la libido no estaba ligada más que a la sexualidad, por lo que sólo esta esfera decidía prácticamente la naturaleza y el movimiento del psiquismo humano. Posteriormente la teoría de las pulsiones dio paso al instinto de muerte, es decir, la energía destructiva presente en el ser humano. Los instintos sexuales y los instintos de autoconservación se fundieron (en la teoría final) en un todo único, el Eros, dotado de energía libidinosa y tendiendo a la copulación, a la unión y a la fusión; mientras tanto, las tendencias agresivas y de destrucción se manifestaban como expresiones del instinto de destrucción o instinto de muerte, cuya energía no poseía carácter libidinoso.[25]

Los elementos expuestos van perfilando las características esenciales en el concepto de hombre manejado por Freud: un ser que posee una dimensión inconsciente formada por instintos (eróticos y destructivos), la cual motiva la acción por encima de la actividad racional.

Para entender cómo se da el proceso de crecimiento en el ser humano y qué destino siguen las pulsiones hasta que el hombre alcanza la edad adulta, Freud propone una teoría de la sexualidad infantil, en la cual sólo se encuentran presentes los instintos eróticos, los cuales siguen ciertas etapas de fijación (en este momento la energía instintiva, primordialmente sexual, se conoce como libido; ésta puede dirigirse hacia uno mismo o hacia el exterior), que más adelante se abordan. Posteriormente se completa esta teoría con la propuesta sobre la agresividad humana que Freud desarrolla a partir de 1911.

La tópica

Para entender las distintas etapas de la teoría sexual freudiana, existen ciertos conceptos que se deben explicar previamente, y que corresponden a las diferentes instancias que forman el aparto psíquico. En la primera representación espacial de los procesos anímicos, o tópica, Freud se sirve de sus estudios sobre el sueño para afirmar:

> [...] resultaba imposible explicar la formación del sueño si no osábamos suponer la existencia de dos instancias psíquicas, una de las cuales sometía la actividad de la otra a una crítica cuya consecuencia era la exclusión de su devenir-consciente. La instancia criticadora, según inferimos, mantiene con la conciencia relaciones más estrechas que la criticada. Se sitúa entre esta última y la conciencia como una pantalla.[26]

A partir de aquí Freud asigna nombre a cada una de estas instancias. En el *preconsciente* se encuentran los procesos que alcanzan sin demora la conciencia, siempre que satisfagan ciertas condiciones; el sistema que se encuentra detrás se denomina *inconsciente*; sus contenidos (deseos, pulsiones) no tienen acceso alguno a la conciencia si no es por vía del preconsciente, aunque en ese proceso sufren modificaciones.

> [...] Freud introduce una "instancia crítica" que separa tajantemente a estos primeros fenómenos inconscientes en su prolongación hasta los otros, conscientes [...] Y así vemos aparecer un sistema llamado "inconsciente", que se prolonga desde los sistemas mnemónicos, situados antes de otro, llamado preconsciente, que es a su vez anterior al último, la conciencia, en la cual culmina la actividad motriz. Lo inconsciente no se comunica con la conciencia sino a través del sistema preconsciente.

La censura de la resistencia es la que inhibe, en el estado de vigilia, el tránsito de lo inconsciente a la conciencia, en la cual culmina este aparato destinado a facilitar una acción adecuada a la realidad por medio de la acción motriz. Así este aparato comienza en un extremo sensible y culmina en otro extremo racional.[27]

De esta manera, Freud diferencia tres instancias en el aparato psíquico: *inconsciente*, *preconsciente* y *conciencia*. Sin embargo, asegura que el preconsciente es, en cierto sentido, un inconsciente latente, pues fácilmente puede volverse consciente, de modo que es inconsciente sólo de forma temporaria, mientras que el inconsciente no es susceptible de conciencia.[28]

Precisando más ampliamente las funciones del sistema preconsciente, Freud afirma que a dicho sistema compete "[…] la introducción de una censura o de varias, el examen de realidad y el principio de realidad".[29] Por otra parte, la conciencia sería el conjunto de percepciones que nos vienen de afuera (percepciones sensoriales) y de adentro (sensaciones y sentimientos),[30] de modo que es la instancia encargada de recibir los estímulos.

Más tarde, en *El yo y el ello*, Freud introduce una nueva terminología, que aunque no elimina los términos de la tópica, sí los precisa. Las funciones del sistema preconsciente y de la conciencia son asignadas ahora al "yo", mientras que llama "ello" a lo psíquico que se comporta como inconsciente.[31]

Mientras tanto, la actividad censora, o más exactamente el ideal de yo, recibe el nombre de "superyó", que adquiere las funciones de una conciencia moral.

A continuación expongo la tópica final (desde la teoría de la sexualidad infantil) con la que Freud explica el funcionamiento del aparato psíquico.

El ello

La instancia más arcaica y originaria de la personalidad es el ello, y del choque de éste con el mundo exterior se van formando las otras. En el periodo que sigue inmediatamente al nacimiento no hay nada en la personalidad más que el ello, que se puede definir como el conjunto de instintos biológicos fundamentales, inconscientes, ciegos, irracionales, cargados de energía que tiende a descargarse. El ello contiene las pasiones, que son la realidad biológica radical, originaria y primigenia.

El hombre se diferencia del animal ya en la esfera instintiva primaria: es la variabilidad de la energía instintiva humana, es su dinamismo conflictivo, su aptitud para la metamorfosis, lo que distingue el instinto humano de los instintos animales. La posibilidad de dominio de los instintos y de transformación de su energía es un rasgo específico de la naturaleza humana. En Freud el núcleo central de la libido humana es la energía sexual (en su primera concepción sobre los instintos), y la necesidad sexual es la necesidad instintiva elemental del hombre.[32] Así, en el pequeño infante sólo cabe hablar de un haz o conjunto de instintos que buscan satisfacerse y descargarse de manera directa e inmediata; la tierna personalidad infantil está formada exclusivamente por los instintos desorganizados y ciegos que constituyen la más originaria de todas las instancias: el ello. Esta instancia es inconsciente, incapaz de conciencia y sólo se puede investigar mediante el proceso psicoanalítico.

De la variada combinación de los instintos básicos e irreductibles deriva toda la variedad de fenómenos vitales. Los instintos del ello acumulan su carga energética y espontáneamente tienden a descargarse. Sin embargo, las otras instancias —yo y superyó—, junto con las exigencias de la realidad exterior, tienden a impedir la descarga directa de energía. Los instintos rechazados o reprimidos pueden tener diversos destinos: producir neurosis, dar lugar a ciertos rasgos del carácter, derivación en valiosas sublimaciones, etcétera.

Cada uno de los instintos, eróticos o sexuales y de autoconservación, se rigen por el *principio de placer* (por ejemplo, al hablar de impulsos sexuales, la acumulación de la libido produce displacer, mientras su descarga provoca placer), que predomina en la parte inconsciente, mientras en la parte consciente impera el *principio de realidad* (que, sin embargo, también está al servicio del principio de placer en tanto busca vías de satisfacción acordes con la realidad y que no representen un peligro para la persona[33]).

Los instintos del ello se despliegan en distintas etapas hasta llegar a su madurez, según la preponderancia de aquellas mucosas a través de las cuales se descargan y que son consideradas por Freud como rigurosas *zonas erógenas*.[34]

En la primera fase de su desarrollo —*narcisismo primario*— el instinto sexual busca su satisfacción sin salir del propio sujeto, en lo que podría definirse como *autoerotismo*.[35] El narcisismo primario incluye una fase *oral* (satisfacción de las necesidades de comer y beber del recién nacido; la mucosa bucal es la zona erógena predominante[36] y proporciona al niño los primeros placeres sexuales, conectados con la función alimenticia de mamar[37]) y una fase *sádico-oral* (con el destete y la aparición de dientes el niño manifiesta la tendencia de morder, destruir e incorporar de forma oral los objetos; por ello busca morder y probar con la boca los objetos[38]).

La segunda fase de desarrollo de los instintos es llamada por Freud *sádico-anal*, pues el niño obtiene placer mediante las funciones de defecación y micción, y sus zonas erógenas son las mucosas anales y uretrales. Como el niño era amamantado y se sentía ligado a la madre, con la separación siente que el dominio y la posesión exclusiva que tenía de ella le es disputada, por lo que reacciona con hostilidad y agresividad. Esta etapa se relaciona con la posesión (evidente en los fenómenos de retención anal y vesicular) y la destrucción (niño hostil por ser privado de las atenciones maternales; la hostilidad se agudiza si un hermano nace).

La tercera fase (hacia el tercer o cuarto año de edad) se denomina *fálica* o *genital*, pues la sexualidad se organiza en torno a los órganos genitales. La libido no busca sólo la propia persona para su satisfacción, sino que se abre a otros, en lo que se denomina *elección de objeto*. Aquí aparece el fenómeno denominado *Complejo de Edipo*, culminación de la elección de objeto, que entraña las primeras diferenciaciones entre el ello y el yo.[39] Cuando la sexualidad ha llegado a los órganos genitales alcanza la madurez, y los fenómenos posteriores de la vida encontrarán en este desarrollo infantil su explicación.

Existe una cuarta fase, denominada *latencia*, en la que la intensa vida sexual infantil parece sumirse en el silencio, mientras el niño se incorpora a la vida social, cultural y moral. Por último, alrededor de la pubertad, se da la genuina maduración y se supera definitivamente el Complejo de Edipo; la libido se proyecta a un objeto sexual que ya no es incestuoso y culminará en la relación heterosexual procreadora.

Estas cinco etapas explican la fijación del instinto sexual; sin embargo, Freud pareció olvidarse del otro instinto que había señalado, el de autoconservación, por lo que se le ha considerado muchas veces como pansexualista. Al analizar la evolución de su teoría se aprecia que ese calificativo carece de valor.

El yo

Esta instancia surge desde el ello, representando sus capas más exteriores y superficiales que han sido iluminadas por la conciencia; ésta se ha originado a través del contacto con la realidad exterior por medio de la percepción sensorial; la razón ordena las impresiones que se reciben y adapta las pulsiones del ello a las exigencias del medio; así, en el yo rige el principio de realidad. Con los sentidos y la actividad muscular, el ser humano aprende a discernir lo interior (perteneciente al yo) de lo exterior (originado en el mundo). Así comienza a desarrollarse en él un principio de realidad. Primero el yo lo incluye todo, pero luego desprende de sí un mundo exterior. La función del yo consiste en equilibrar las exigencias instintivas del ello con la realidad del mundo exterior y, posteriormente, con la severa presión que deriva del superyó.

Frente al mundo exterior, el yo se percata de los estímulos, acumula en la memoria experiencias sobre los mismos, elude los estímulos demasiado intensos, enfrenta por la adaptación los estímulos moderados y aprende a modificar el mundo exterior adecuándolo a su propia conveniencia. Frente al ello, decide qué instintos pueden ser satisfechos (y busca las circunstancias y oportunidades más adecuadas para hacerlo) y cuáles deben ser suprimidos. Entre la razón y los instintos se establece una oposición: la razón se insinúa tímidamente contra los impulsos, que consiguen desbordarla; sin embargo, poco a poco la razón adquiere mayor importancia y se impone a lo instintivo e irracional. El yo, para realizar su mediación entre las demás instancias, cuenta con herramientas, como son el intelecto, la experiencia de la memoria, el dominio de la los movimientos corporales, etcétera.[40]

Al mismo tiempo que el yo se diferencia del ello, los instintos se encuentran en su último periodo de desarrollo, fijándose a los objetos exteriores (proceso denominado *elección de objeto*). Las personas sobre las que recae esta elección instintiva infantil son los propios padres, lo que da lugar al Complejo de Edipo, que será determinante durante toda la vida humana.

El Complejo de Edipo

Freud afirma que el Complejo de Edipo es el "[...] punto culminante de la vida sexual infantil".[41]

Los primeros años de vida del niño se caracterizan por sobreestimar afectivamente al padre, ya que el infante se encuentra indefenso, débil, ante las exigencias de la vida. El padre se vuelve el ser omnipotente que le brinda la protección y el niño se identifica con él, de manera que pretende tener su fuerza, contar con su poder, sustituirlo en todo; lo toma como un ideal. Al mismo tiempo, el niño se encuentra en la etapa de desarrollo de los instintos caracterizada por la elección de objeto,[42] y como la madre es la primera mujer de su vida, la que está cerca de él, lo alimenta, lo asea, etcétera, entonces se vuelve el primer objeto de sus deseos sexuales. El niño, "enamorado" de su madre, ve que el padre le significa un estorbo junto a ella y se vuelve, por tanto, hostil hacia su progenitor y quisiera sustituirlo para quedar solo junto a su madre.

El padre se vuelve, pues, un rival para el niño, y en éste aparecen sentimientos de hostilidad, odio, deseo de que aquél desaparezca. Simultáneamente la identificación con el padre aumenta, ya que el niño quiere ser igual a él en todo para sustituirlo ante su madre. En el niño existe, entonces, una actitud *ambivalente* respecto al padre: lo ama por ser la primera figura que idealizó, pero lo odia al verlo como rival en la posesión de la madre.

De esta explicación se pueden obtener algunas conclusiones: los primeros deseos sexuales del hombre son siempre de naturaleza incestuosa; el primer objeto sexual es la madre, pero el padre es un obstáculo para ello, porque se opone a esos deseos e incluso amenaza con la castración; el niño quisiera eliminar a su padre, pero como a la vez lo admira, pretende identificarse con él. Para Freud este desarrollo de los primeros años es indestructible y constituye la base sobre la cual se asienta todo el desarrollo psíquico.[43]

La tercera instancia de la personalidad, el superyó, tiene sus orígenes en la explicación anterior. El niño, que quería identificarse con el padre, debe obedecer los imperativos que éste impone, debido a que no puede tomar su lugar; además, el padre es el representante de todas las prohibiciones de la vida instintiva infantil.

La represión de las tendencias instintivas tiene lugar no sólo en el ámbito sexual, ya que el padre también impone normas de conducta, reglas, etcétera, pero el Complejo de Edipo es el aspecto central con el cual inicia la represión de las pulsiones instintivas.

Mediante la autoridad de los padres (y los demás educadores) es como el niño se ve sometido a las restricciones sociales, que implican de él derivaciones, sublimaciones, represiones de sus instintos, y se ve obligado a aceptar dichas restricciones a fin de no perder el amparo y cariño de los cuales sería privado en caso contrario.[44]

El superyó

El mecanismo de superación del Complejo de Edipo conlleva la asimilación e interiorización por parte del niño de las recomendaciones y prohibiciones provenientes de los padres.

A partir del conflicto del niño con sus padres, la espontaneidad instintiva de aquél se inhibe mediante mandamientos y prohibiciones, bajo la amenaza de la pérdida de cariño. Posteriormente esta situación se introyecta y surge el superyó o conciencia moral. De este modo, el yo abandona el objeto exterior y lo reconstruye en su interior, por lo que la libido abandona la carga de objeto y se revierte sobre el propio sujeto, dando lugar a la transformación narcisista de la libido.[45] El hombre posee ya dentro de sí la imagen ideal a la que debe aspirar. El superyó conlleva la necesidad de regulación de la conducta del yo según un modelo ideal de conducta que refleja los imperativos de acción y las coerciones que vinieron impuestos desde fuera por las personas que educaron al niño. Las representaciones ideales y normativas que contiene el superyó provienen, así, de las exigencias de la realidad exterior que fueron incorporadas, asimiladas e idealizadas por el sujeto. Con esto se interioriza la autoridad vigilante de la conducta.

El superyó es la instancia continuadora del papel que han desempeñado los padres en la vida del niño: observa al yo, le imparte órdenes, le corrige y amenaza con castigos, ejerce actividad censora y se vuelve tanto más severo cuanto más fuerte haya sido la represión del Complejo de Edipo y de la energía instintiva.

El superyó, con sus mandatos y prohibiciones, no considera la dicha del individuo; tampoco se pregunta si al ser humano le es posible obedecer todo lo que ordene, de modo que a mayor exigencia, mayor desdicha.[46] En esta situación se produce un *sentimiento de culpa*, que es la percepción de ser vigilado, es la angustia ante la autoridad externa y la angustia ante la vigilancia implacable del superyó, que genera la necesidad de un castigo cuando no se han satisfecho las exigencias y normas impuestas. Cuando el yo se ha sometido a las exigencias del superyó, se siente amado por éste y recompensado por el sacrificio de sus instintos, de la misma manera que el niño al someterse a la autoridad paterna.

Conforme pasa el tiempo, el superyó se vuelve impersonal y se aleja de su raíz original paterna para asociarse a otras instancias represoras que intervienen en la educación, como la escuela, la moral religiosa, etcétera. Sin embargo, las normas sociales y culturales existentes no siempre pueden reprimir todas las manifestaciones de la sexualidad infantil, de modo que aquello que permanece en el adulto como diferente a lo aceptado y considerado normal se tacha de *perversión*.[47] La sanción social, a través del sentimiento de culpa basado en la amenaza de castigo y de la pérdida del amor, influye en el niño para que abandone las actividades de carácter sexual destinadas a satisfacer los instintos parciales que no sean útiles a la relación genital procreadora. Se sustituye *placer* por *utilidad*.

La adaptación del niño a la realidad supone la aceptación de los valores culturales (sociales) adultos que van creando progresivamente actitudes morales de pudor y repugnancia frente a actividades y zonas del cuerpo relacionadas con los impulsos sexuales naturales. Aparecen, así, los obstáculos psíquicos que impiden a los impulsos sexuales alcanzar su objetivo por la vía directa del placer y que imposibilitan la realización de todas sus posibilidades.

En su necesidad de adaptarse a la realidad, los impulsos reprimidos se dirigen hacia un objetivo que actúa como sustituto del objetivo sexual natural. Esta desviación, provocada por la imposibilidad de satisfacer las necesidades naturales y que el individuo necesita para mantener su equilibrio total, genera la aparición de síntomas neuróticos. Sin embargo puede suceder que la actividad sustitutiva y compensadora sea aprobada socialmente, además de útil, con lo cual se produce la *sublimación*, concepto que abordaré más adelante.

Según Freud, este desarrollo que acontece en la infancia es decisivo en la vida de la persona, que en su adultez no hará sino repetir las construcciones formadas durante la niñez.

Más adelante, con el perfeccionamiento de la teoría de los instintos, Freud postuló la existencia de una pulsión destructiva que se unió a las sexuales y de autoconservación, dando lugar a la teoría definitiva de los instintos.

El instinto de muerte

Conforme Freud se adentró en el estudio de fenómenos culturales se dio cuenta que no todo comportamiento podía ser entendido e interpretado desde la energía libidinosa; tal era el caso de la agresión.

A consecuencia de la Primera Guerra Mundial, Freud concedió mayor importancia al fenómeno de la agresión y al instinto de conservación que había postulado antes sin considerar en toda su profundidad, del mismo modo que abandonó la idea de que la represión fuera exclusiva de los impulsos sexuales.

Mediante el estudio de los casos clínicos se dio cuenta de que sus pacientes tendían a recordar los traumas de su vida pasada y los repetían. Descubrió, entonces, que en el ser humano había una tendencia a repetir una situación pasada, aun cuando fuera dolorosa, y que esa tendencia era incluso más poderosa que el principio del placer. Esa compulsión a la repetición, que también llamó *principio del Nirvana* (reducir al ser vivo, mediante la muerte y la desintegración, al estado primigenio inanimado del que surgió según los principios evolucionistas), expresaba la tendencia del organismo humano a volver al estado inorgánico. Así, la hostilidad y la agresión no eran consideradas ya como derivadas de los sentimientos de rivalidad existentes en la situación de Edipo, de modo que el odio fuera también una expresión de la libido (según la primera teoría), sino que Freud comenzó a considerar la existencia de otro tipo de instintos en el hombre: los impulsos destructivos, cuya tendencia era reducir todo al estado inorgánico; son los impulsos de muerte, Tánatos.

Otra senda que permitió a Freud descubrir los principios de agresión y destrucción en las tendencias instintivas del hombre fue el estudio del *sadismo* y del *masoquismo*. Creyó que en estos fenómenos se conjugaban impulsos libidinosos con instintos de muerte, pues las fuerzas destructivas se volvían eróticas a fin de no destruir la vida (el sadismo, entonces, sería una conjugación del instinto de muerte con la libido y constituiría un intento de autoconservación; en el sadismo el amor y destrucción se dirigirían hacia afuera; en el masoquismo, por el contrario, aparecía la destrucción dirigida hacia adentro[48]).

Así surgió la segunda teoría de los instintos, en la que los instintos sexuales y los instintos de autoconservación se unieron en un todo único, el Eros, dotado de energía libidinosa y tendiendo a la copulación, a la unión y a la fusión;[49] por el contrario, las tendencias agresivas y de destrucción serían expresiones del instinto de muerte, cuya energía no tendría carácter libidinoso; más bien manifestaría la tendencia de la vida orgánica a regresar al estado inorgánico del cual surgió.

Partiendo de especulaciones acerca del comienzo de la vida y de paralelos biológicos, extraje la conclusión de que además de la pulsión a conservar la sustancia viva y reunirla en unidades cada vez mayores, debía de haber otra pulsión, opuesta a ella, que pugnara por disolver estas unidades y reconducirlas al estado inorgánico inicial. Vale decir: junto al Eros, una pulsión de muerte; y la acción eficaz conjugada y contrapuesta de ambas permitía explicar los fenómenos de la vida.[50]

Siguiendo este planteamiento, el suicidio y las tentativas por destruir a otros se entienden también como productos del instinto de muerte. Según Freud, mientras las exteriorizaciones de Eros eran muy llamativas y ruidosas, la pulsión de muerte parecía trabajar muda. Es por ello que señala:

[...] una parte de la pulsión [de muerte] se dirigía al mundo exterior, y entonces salía a la luz como pulsión de agredir y destruir. Así la pulsión sería compelida a ponerse al servicio del Eros, en la medida en que el ser vivo aniquilaba a un otro, animado o inanimado, y no a su sí-mismo propio. A la inversa, si esta agresión hacia afuera era ilimitada, ello no podía menos que traer por consecuencia un incremento de la autodestrucción, por lo demás siempre presente. Al mismo tiempo, a partir de este ejemplo podía colegirse que las dos variedades de pulsiones rara vez —quizá nunca— aparecían aisladas entre sí, sino que se ligaban en proporciones muy variables, volviéndose de ese modo irreconocibles para nuestro juicio.[51]

Con los elementos presentados, se podría proponer una definición del ser humano en la que éste no se entiende ya sólo como un ser de pulsiones sexuales y de autoconservación, sino como un ser dotado de una constitución natural agresiva (que desde luego no cancela la dimensión erótica).

El ser humano no es un ser manso, amable, a lo sumo capaz de defenderse si lo atacan, sino que es lícito atribuir a su dotación pulsional una buena cuota de agresividad. En consecuencia el prójimo no es solamente un posible auxiliar [en el trabajo] y objeto sexual, sino una tentación para satisfacer en él la agresión, explotar su fuerza de trabajo sin resarcirlo, usarlo sexualmente sin su consentimiento, desposeerlo de su patrimonio, humillarlo, infligirle dolores, martirizarlo y asesinarlo. *"Homo homini lupus"* (Plauto, *Asinaria*, II, IV, 88).[52]

Así, el ser humano responde en su actuar a dos tipos de instintos básicos, con los cuales debe realizar su vida social y cultural. Sin embargo, representan para él una dificultad, principalmente los instintos destructivos.

La inclinación agresiva es una disposición pulsional autónoma, originaria del ser humano [...] y la cultura encuentra en ella su obstáculo más poderoso [...] La cultura sería un proceso al servicio de Eros, que quiere reunir a los individuos aislados, luego a las familias, etnias, pueblos, naciones, en una gran unidad: la humanidad. Por qué deba acontecer así, no lo sabemos; sería precisamente la obra de Eros. Esas multitudes de seres humanos deben ser ligadas libidinosamente entre sí; la necesidad sola, las ventajas de la comunidad de trabajo, no los mantendrían cohesionados. Ahora bien, a este programa de la cultura se opone la pulsión agresiva natural de los seres humanos, la hostilidad de uno contra todos y de todos contra uno. Esta pulsión de agresión es el retoño y el principal subrogado de la pulsión de muerte que hemos descubierto junto al Eros, y que comparte con éste el gobierno del universo. Y ahora, yo creo, ha dejado de resultarnos oscuro el sentido del desarrollo cultural. Tiene que enseñarnos la lucha entre Eros y Muerte, pulsión de vida y pulsión de destrucción, tal como se consuma en la especie humana. Esta lucha es el contenido esencial de la vida en general, y por ello el desarrollo cultural puede caracterizarse sucintamente como la lucha por la vida de la especie humana.[53]

A partir de aquí, con una concepción definida de lo que es el hombre para Freud, es posible estudiar la cultura y el conflicto que se presenta en ella entre individuo y sociedad. De esta relación conflictiva derivará una sensación de malestar e infelicidad, como más adelante expondré.

DIMENSIÓN CULTURAL
DEL SER HUMANO

En el capítulo anterior presenté el concepto de ser humano para Freud; a partir de dicho concepto es posible ir más allá para preguntar cómo es que llegó a ser lo que es, cuál fue el camino que recorrió para crear la cultura, qué se entiende por ésta y cómo se desarrolla la vida humana dentro de ella. Así, el primer paso para responder a estas cuestiones consiste en presentar la teoría de la hominización (la forma en que, desde la prehistoria humana, el hombre se separa de los rasgos característicos de la animalidad para crear cultura), la cual se entiende con mayor claridad a la luz de las teorías científicas predominantes en el contexto teórico del propio Freud, y que a continuación expongo.

Fundamentación de la teoría
freudiana

Freud retoma la hipótesis evolucionista de la explicación del universo, según la cual las cosas no han existido siempre de la misma forma, por lo que para aparecer ante nosotros con ciertas características se han desarrollado mediante etapas sucesivas. En este proceso se encontraría inmerso el ser humano, el cual, siguiendo las ideas sostenidas por Charles Darwin, desciende de un antropoide primitivo que fue evolucionando. La forma en que se da este paso del *animal de horda* al hombre es explicada con detenimiento en los apartados siguientes, ya que aquí sólo me interesa resaltar la influencia que la teoría freudiana recibió del evolucionismo.

Para Freud existe también una relación entre el desarrollo que experimenta cada ser viviente desde su primera célula generadora hasta su estado adulto y la evolución de su especie a lo largo de los siglos; dicho de otra manera, Freud cree que las distintas etapas de desarrollo por las que atraviesa un organismo vivo hasta su perfecta maduración no hacen sino repetir, de forma condensada y en un breve espacio de tiempo, aquellos momentos de evolución por el que ha ido pasando la especie a la que pertenece, a través de cientos de siglos.

Así, se puede descubrir en poco tiempo, a partir de la situación actual, el secreto de los acontecimientos que tuvieron lugar en el transcurso de la historia de la vida, pues la evolución de la conciencia en el individuo no es más que el compendio de la evolución de la conciencia en la historia de la especie (al desarrollo del individuo se le denomina *ontogénesis*, mientras que al desarrollo de la especie se le conoce como *filogénesis*).

De esta manera, "[…] la ontogénesis puede considerarse como una repetición de la filogénesis en la medida en que ésta no es modificada por un vivenciar más reciente. Por detrás del proceso ontogenético se hace notar la disposición filogenética".[54] Por ello cuando Freud estudia psicológicamente al individuo establece siempre un paralelismo con la historia de la especie humana, y muchos de los acontecimientos de la vida actual del ser humano son explicados sólo mediante una adquisición filogenética: "[...] en la vida del género humano ha ocurrido algo semejante a lo que sucede en la vida de los individuos".[55]

> [...] cuando estudiamos las reacciones frente a traumas tempranos, con harta frecuencia nos sorprende hallar que no se atienen de manera estricta a lo real y efectivamente vivenciado por sí-mismo, sino que se distancian de esto de una manera que se adecua mucho más al modelo de un suceso filogenético y, en términos universales, sólo en virtud de su influjo se pueden explicar.[56]

Junto con el evolucionismo y la ley biogenética fundamental de Ernst Haeckel (la ontogénesis es el compendio de la filogénesis), Freud fue influido por la teoría de la herencia de los caracteres adquiridos, del naturalista francés Lamarck, basada en la acción del medio ambiente sobre los organismos vivos, según la cual las condiciones del medio ambiente exigían de los organismos nuevas funciones, lo que determinaba la aparición de nuevos órganos;[57] así se iban perfeccionando las especies, aunque esto sólo era posible sobre la base de la transmisión hereditaria, de los organismos a sus descendientes, de las modificaciones producidas por la exigencia de las condiciones ambientales.[58]

Para Freud existe la "[...] posibilidad de que en la vida psíquica del individuo puedan tener eficacia no sólo contenidos vivenciados por él mismo sino otros que le fueron aportados con el nacimiento, fragmentos de origen filogenético, una *herencia arcaica*".[59] Hablar de la existencia de una herencia implica definir su contenido:

> [...] consiste en determinadas predisposiciones como las que son propias a todo ser vivo. Vale decir, en la aptitud y la inclinación para emprender determinadas direcciones de desarro-

llo y para reaccionar de particular manera frente a ciertas excitaciones, impresiones y estímulos. Como la experiencia enseña que entre los individuos de la especie humana existen diferencias en este aspecto, la herencia arcaica incluye estas diferencias; ellas constituyen lo que se reconoce como el factor *constitucional* en el individuo. Y puesto que todos los seres humanos, siquiera en su primera infancia, vivencian más o menos lo mismo, también reaccionan frente a ello de manera uniforme.[60]

Para Freud un recuerdo ingresa en la herencia arcaica cuando "[...] tuvo suficiente importancia o se repitió con frecuencia bastante, o ambas cosas".[61] El contenido de esa herencia se puede volver activo, es decir la huella mnémica olvidada despierta, cuando se da una repetición reciente del suceso.

La teoría de la hominización que Freud propone se funda también en las investigaciones realizadas por Darwin, Atkinson y Robertson Smith, identificados con el pensamiento evolucionista del siglo XIX.[62]

Darwin supuso que la organización primitiva de los hombres era similar a la de ciertos animales mamíferos; el hombre vivió originalmente en pequeñas hordas, cada una dominada brutalmente por un macho de cierta edad, que se apropiaba de todas las hembras y castigaba o mataba a los machos jóvenes, incluso sus propios hijos.[63] Tendría lugar así la "selección sexual" y el hombre viviría como el gorila, en cuyos grupos se da un único macho adulto que vive con varias hembras de su exclusiva pertenencia.[64]

Atkinson completó la hipótesis darwiniana, al suponer que los hijos se alzaron contra el tiránico y celoso padre, le vencieron, asesinaron y devoraron en común, pretendiendo identificarse con él y adquirir su fuerza. Las observaciones de Atkinson le llevaron a concluir que en ciertos animales que realizaban ese "asesinato" la horda se disolvía, de modo que supuso que el vínculo que hacía posible la continuidad de la horda era el amor materno, que llevó a los hijos a renunciar a todo contacto sexual con la madre y las hermanas para mantener un orden social.

De Robertson Smith nuestro autor retomó la teoría totémica, en donde se explica cómo la horda paterna cedió su lugar al clan fraterno totémico. Una vez destruido el poder del padre, se erigió un animal como antepasado y protector de la tribu. Nadie podía dañarlo o matarlo, pero una vez al año la comunidad masculina se reunía en un banquete en el que el tótem o animal protector era reverenciado, despedazado y comido en común.[65] El sacrificio era el elemento central de esta fiesta de carácter social, en la cual se reverenciaba a un dios y se ligaba a éste con el animal totémico, resaltando el parentesco entre ambos. Una vez sacrificado el tótem, era llorado y lamentado.[66]

Freud asumió estas ideas, las cuales confirmó con numerosas observaciones de los pueblos primitivos realizadas por el antropólogo y etnólogo inglés J. G. Frazer en el siglo XIX,[67] según las cuales la religión, la moral y la cultura, en general, se fueron desarrollando a través de etapas sucesivas, como el animismo, el totemismo, el fetichismo, el politeísmo y el monoteísmo.

Teoría de la hominización

Consiste en el proceso por medio de cual el ser humano creó la cultura, separándose cada vez más de los rasgos que lo reducían a la animalidad.

El hombre apareció en los grupos primitivos como un *animal de horda*, de modo que el aspecto primordial que tuvo la sociedad humana fue el de un clan gobernado despóticamente por un macho fuerte, físicamente mejor dotado que los demás, que se constituyó en jefe y que poseía la fuerza para imponer su voluntad. Pero la animalidad fue desapareciendo en la medida en que el animal ya no fue capaz de satisfacer sus necesidades vitales y no encontró en la naturaleza los objetos que le permitían saciar sus requerimientos naturales.

"El momento, o más exactamente, la época histórica en la que este mismo animal ante su necesidad vital objetal desarrolla la capacidad de *adaptación* y desarrolla un *nuevo modo* de satisfacer sus necesidades vitales es el momento en que no muriendo el animal aparece el hombre".[68] Así, apareció la cultura entendida como "[...] toda la suma de operaciones y normas que distancian nuestra vida de la de nuestros antepasados animales, y que sirven a dos fines: la protección del ser humano frente a la naturaleza y la regulación de los vínculos recíprocos entre los hombres".[69] Dicho en otros términos, para Freud la cultura es:

> [...] todo aquello en lo cual la vida humana se ha elevado por encima de sus condiciones animales y se distingue de la vida animal. Abarca el saber y poder hacer que los hombres han adquirido para gobernar las fuerzas de la naturaleza y arrancarle bienes que satisfagan sus necesidades. Comprende también las normas necesarias para regular los vínculos recíprocos entre los hombres y, en particular, la distribución de los bienes asequibles.[70]

De esta manera, "[...] reconocemos como 'culturales' todas las actividades y valores que son útiles para el ser humano en tanto ponen la tierra a su servicio, lo protegen contra la violencia de las fuerzas naturales, etcétera".[71]

Este hombre se diferenciaría del animal desde la misma esfera instintiva: el ser humano puede dominar y transformar sus instintos, que son dinámicos y conflictivos, rasgos que no están presentes en los animales. Con este principio de variación en los instintos humanos y con la aparición del yo nace verdaderamente el hombre. El yo, entendido como esa fuerza organizante del aparato psíquico humano que transforma los instintos animales en instintos humanos y que ha resultado del conflicto entre el principio de placer y principio de realidad, hace posible regular la fuerza instintiva del hombre. Con la aparición del yo, poco a poco se transforma el animal en hombre y los instintos animales en humanos. Sin embargo, en el hombre se estarán enfrentando permanentemente el hombre y el animal, ya que el conflicto entre el instinto y la necesidad de su reglamentación constituye un carácter específico de la vida humana.[72]

Pero no fue la necesidad sola lo que hizo al animal dar el paso hacia el hombre; durante la prehistoria éste adquirió el hábito de formar familias y es probable que los miembros de la familia fueran los primeros auxiliares del hombre en el trabajo. La fundación misma de la familia implica el hecho de que la necesidad de satisfacción genital dejó de aparecer como algo esporádico y se instaló, más bien, en el individuo. Esto dio al macho un motivo para retener junto a sí a la mujer y, en general, a los objetos sexuales. Las hembras, que no querían separarse de sus hijos desvalidos, se vieron obligadas a permanecer junto al macho más fuerte, precisamente en interés de dicha descendencia. Así, la convivencia de los seres humanos tuvo un fundamento doble: la compulsión del trabajo creada por el apremio exterior, así como el poder del amor, pues el varón no quería estar privado de la mujer como objeto sexual, y ella no quería separarse del hijo, carne de su carne.

Freud afirma, entonces, que el amor y la necesidad (Eros y Ananké) fueron los progenitores de cultura humana,[73] y el paso decisivo hacia la sociedad se presenta cuando el dominio individual se sustituye por el de la comunidad: los miembros individuales del grupo restringen sus posibilidades de satisfacción en pro del derecho de la comunidad (con lo que se restringe también la posibilidad de que el hombre mismo, individualmente considerado, pueda representar un bien material para otro, en cuanto éste utilice su capacidad de trabajo o haga de él su objeto sexual).

La convivencia humana sólo se vuelve posible cuando se aglutina una mayoría más fuerte que los individuos aislados, y cohesionada frente a éstos. Ahora el poder de esta comunidad se contrapone, como "derecho", al poder del individuo, que es condenado como "violencia bruta". Esta sustitución del poder del individuo por el de la comunidad es el paso cultural decisivo. Su esencia consiste en que los miembros de la comunidad se limitan en sus posibilidades de satisfacción, en tanto que el individuo no conocía tal limitación. El siguiente requisito cultural es, entonces, la justicia, o sea, la seguridad de que el orden jurídico ya establecido no se quebrantará para favorecer a un individuo.[74]

He presentado hasta aquí el proceso que siguió el animal para llegar a ser humano, para volverse creador de cultura. Y como la cultura encierra no sólo las actividades necesarias para proteger al ser humano de la naturaleza, sino también las normas necesarias para regular los vínculos recíprocos entre los seres humanos, se vuelve necesario presentar el desarrollo histórico que tuvo este incipiente hombre en la cuestión ética, es decir, en esas normas reguladoras de las relaciones entre los hombres. Para exponer esta idea, explico el desarrollo histórico que siguió el hombre de la etapa animista al totemismo, siendo este último el primer sistema de organización que tuvo normas concretas de conducta.

El animismo

Para Freud existió una época previa a la moral religiosa y sin dioses: el animismo.[75] En ella el mundo estaba lleno de seres espirituales de carácter humano (a veces llamados demonios); todos los objetos del mundo exterior eran su morada, no existía ningún poder superior que los hubiera creado a todos y los siguiera gobernando y a quien cada uno pudiera volverse en busca de protección y socorro. El hombre sufría frente a esos malos espíritus, pero se defendía de ellos mediante ciertas acciones que los ahuyentaban. En la lucha contra los poderes del mundo circundante su primer arma fue la magia. Freud supone que la confianza en la magia deriva de la sobrestimación de las propias operaciones intelectuales, de la creencia en la omnipotencia del pensamiento. El hombre animista esperaba que la naturaleza imitara algunos actos que él ejecutaba (como la lluvia a partir del toque de tambores que copiaban el sonido del agua al caer).

El paso del animismo a la religión está envuelto en la oscuridad de esas épocas primordiales; sin embargo, parece que la primera forma en que se manifestó la religión fue el totemismo o veneración de los animales, tras los cuales aparecieron también los primeros mandamientos éticos: los tabúes.

El totemismo

En los grupos primitivos Freud observa la existencia de una institución social más antigua que la religión, el estado, la ciencia, etcétera, la cual proporciona la base de toda la organización social; a esta institución la llama *totemismo*.

En la horda o clan primitivo el padre y jefe de la tribu tenía ciertas prerrogativas, como la autoridad y la posesión de las hembras del clan;[76] cuando los hijos varones crecieron, entraron en desacuerdo con ese poder autoritario y con la exclusión en que se les tenía con respecto a la posesión de las hembras; el padre comenzó a temer la pérdida de su dominio y decidió la expulsión de los hijos varones.[77] Ante esta situación, los hijos expulsados se rebelaron y decidieron la eliminación del padre: se aliaron, lo mataron y devoraron, haciendo unidos algo a lo que individualmente no se atrevían. Al eliminarlo y consumirlo se produjo la identificación con el padre y cada hijo se apropió de una parte de la fuerza que aquél tenía. Mas como existía una ambivalencia de sentimientos hacia el padre (cuando la hostilidad apunta a quienes, sin embargo, se ama, se habla de un *sentimiento de ambivalencia*), al eliminarlo se produjo un sentimiento de culpa, el arrepentimiento invadió a los hijos, y el muerto, con sus prescripciones y normas, se volvió más fuerte que durante su vida, pues la norma se tornó entones incuestionable; lo que el padre antes impedía en vida, ahora los hijos se lo prohibían a sí mismos.

Después de la muerte del padre hubo competencia entre los hijos pues todos ellos querían sustituir en sus privilegios al padre desaparecido, ya que lo habían tomado como ideal y deseaban para sí todas las mujeres que aquél poseía, haciéndose necesario que para vivir juntos los hermanos erigieran la prohibición del incesto, por la cual se renunciaba a las mujeres anheladas y se lograba la posibilidad de una convivencia pacífica. El resultado de estos conflictos entre hermanos y del asesinato del padre con la culpa consiguiente, llevaron a la sociedad primitiva a la creación de dos leyes fundamentales: no matar al padre (posteriormente derivó en no matar a los hermanos y, finalmente, "no matar") y evitar el contacto sexual con las mujeres que le pertenecen. Estas dos leyes son las prescripciones que se observaban con relación al antepasado de la tribu —el padre asesinado, también conocido como *tótem*—, al que se representaba en forma de un animal.

Cada tribu poseía un tótem, que representaba para el pueblo un lugar seguro de refugio para el alma, que era depositada en el antepasado a fin de permanecer a salvo de los peligros que la amenazaban. Sin embargo, para asegurar la protección del tótem era necesario observar las prescripciones antes mencionadas: no matarlo ni mantener contacto sexual con los miembros del mismo tótem. Estas exigencias constituyen las leyes fundamentales del totemismo, son prohibiciones *tabú*.

El tabú es aquello que está vedado, que no es asequible, que se torna peligroso, es lo que provoca un "horror sagrado". Sin embargo, el placer originario de hacer aquello prohibido sobrevive en los pueblos donde el tabú impera. Así, los hombres tienen ante las prohibiciones tabú una actitud ambivalente: en lo inconsciente nada les gustaría más que violarlas, pero temen hacerlo, y ese miedo es más intenso que el placer que experimentarían al violarlas. De este modo, el fundamento del tabú es un obrar prohibido para el que hay intensa inclinación en lo inconsciente.[78]

Aunque la tribu tenía prohibido matar y comer al tótem, existía la tradición del sacrificio de ese animal sólo en las fiestas, para las cuales se requería la participación de todo el pueblo. La fiesta incluía danzas, máscaras que representaban al tótem, el sacrificio y el llanto por su muerte, y se pretendía que, comiendo su carne, quedara asegurada la identidad sustancial entre el pueblo al mismo tiempo que con el tótem, pues al devorar al animal sagrado se consumaba la identificación con él, mediante la apropiación de una parte de su fuerza; en este ritual aparece una ambivalencia de sentimientos: se sacrifica al tótem pero al mismo tiempo se le llora, y aunque existe la conciencia de que comerlo es una prohibición, ésta se mitiga por la participación del pueblo entero.

Se puede entender este aspecto considerando la explicación que Freud da sobre una masa psicológica. Los individuos sienten, piensan y actúan de manera enteramente distinta cuando están aislados y cuando se encuentran incluidos en una multitud que ha adquirido la propiedad de una "masa psicológica". Dentro de la masa el individuo posee un sentimiento de poder invencible que le permite entregarse a instintos que, de estar solo, no habría liberado. En la masa anónima desaparece totalmente el sentimiento de responsabilidad que frena a los individuos aislados. En la masa el individuo se vuelve un bárbaro, una criatura que actúa por instinto, tiene la espontaneidad, la violencia, el salvajismo y el entusiasmo de los seres primitivos. Así, la masa impulsiva, voluble y excitable, guiada casi exclusivamente por lo inconsciente, abriga un sentimiento de omnipotencia, se vuelve extraordinariamente influenciable, crédula y acrítica. En la masa desaparecen todas las inhibiciones y son llamados a una libre satisfacción pulsional todos los instintos crueles, brutales, destructivos, que dormitan en el individuo como relictos del tiempo primordial. En una palabra, una masa simple no organizada es extremadamente excitable, impulsiva, apasionada, veleidosa, inconsecuente, irresoluta, inclinada a acciones extremas, accesible a las pasiones más groseras, extraordinariamente fácil de sugestionar, superficial en sus reflexiones, violenta en sus juicios, carente de todo sentimiento de responsabilidad y respetabilidad.[79]

De esta explicación se deduce que en el origen de la cultura los hijos, inconformes con la autoridad paterna, se unieron para rebelarse (solos no se hubieran atrevido) y en la masa impulsiva, sin el respeto y el miedo a su autoridad, se da el asesinato y la realización del banquete totémico. De ahí que Freud considere a la masa como un renacimiento de la horda primordial.

Concluyendo este punto sobre el totemismo, se observa que en los inicios de la cultura (con el establecimiento de normas para regular los vínculos entre los diferentes miembros del grupo) se da el asesinato del padre o jefe de la tribu por parte de los hijos; aquél se volvió una figura idealizada, el antepasado de la tribu o animal totémico, al que se le debe obediencia en las dos leyes fundamentales ya citadas. Para calmar el sentimiento de culpa y apaciguar al padre (tótem, antepasado, que, aunque muerto, sigue presente) se realiza un contrato, el totemismo: se honra al antepasado para obtener su amparo y protección, a cambio de cumplir sus restricciones, con lo cual se origina la primera forma de moral (entendida como conjunto de preceptos y restricciones).[80]

Antes expliqué cómo es que el amor y la necesidad fueron los progenitores de cultura humana, así como el hecho de que en ella los miembros del grupo restringen sus posibilidades de satisfacción en pro del derecho de la comunidad. Resulta, así, que los miembros de la comunidad se limitan en sus posibilidades de satisfacción, por lo que la evolución cultural se convierte en un proceso conflictivo entre el deseo de satisfacción individual y las imposiciones de grupo; y aunque la lucha individual por la vida seguiría el principio del placer, a éste se le presentarían constantemente barreras impidiendo su satisfacción. De este modo, la cultura se edifica sobre la renuncia de lo pulsional y se basa principalmente en la no satisfacción (mediante sofocación o represión) de poderosas pulsiones,[81] por lo que se infiere que el hombre no vive feliz dentro de ella; de hecho "[…] gran parte de la culpa por nuestra miseria la tiene lo que se llama nuestra cultura".[82]

Ya que el hombre es limitado en sus posibilidades de satisfacción y la felicidad sólo se produce mediante la descarga directa de las pulsiones, se encuentra limitado dentro de la cultura, lo cual le provoca una sensación de malestar.

Malestar en la cultura

Para explicar el malestar del individuo dentro de la cultura, seguiré primero la teoría de la personalidad de Freud. El niño, en sus primeros momentos de vida, es fundamentalmente un ser que busca satisfacer sus necesidades e instintos. El lactante no distingue aún su yo de un mundo exterior, como fuente de las sensaciones que le llegan; lo aprende poco a poco con la influencia de estímulos que recibe. Lo único que reconoce son las sensaciones de placer y displacer: quisiera satisfacer sus necesidades, pero sufre con el hambre, el frío, etcétera. Ya desde este momento su vida se rige por el principio de placer, que procura evitar lo desagradable;[83] sin embargo, al yo, que originariamente lo abarca todo, se le opone un "objeto", en forma de algo que está "afuera" y para cuya aparición se necesita una acción particular (como el contacto con el seno materno, que atrae con el llanto). Por ello, desde esta etapa el niño posee un yo hedónico, *placiente,* al que se le opone un no-yo que está "afuera" y es ajeno y amenazante.

Con los sentidos y la actividad muscular el ser humano aprende a discernir lo interior (perteneciente al yo) de lo exterior (originado en el mundo). Así comienza a desarrollarse en él el principio de realidad (necesidad de afrontar la realidad aunque sea desagradable[84]). Pero fundamentalmente el niño es energía instintiva que busca satisfacerse, y poco a poco se va dando cuenta de que no es posible esa satisfacción, porque sus deseos (siendo el primero el sexual, con respecto a su madre) no son aceptables. La madre se vuelve su primer objeto sexual, pero como ésta pertenece al padre, se desarrolla un sentimiento de odio del niño respecto a su progenitor. Sin embargo, el niño no puede permanecer en esta actitud de odio y debe acatar las normas impuestas por los adultos, a fin de no perder la protección y cariño que necesita. Poco a poco se van imponiendo más normas dictadas por los padres, por los educadores, etcétera, de tal modo que el temor del niño de ser abandonado le lleva a cumplir dichas exigencias (aparece la noción de lo malo, como aquello por lo cual el niño es amenazado con la pérdida del amor de sus padres), además de que las vuelve parte de su persona, las interioriza y las asume en forma de una conciencia moral, un principio rector que se encuentra dentro de él; así, la autoridad se encuentra ahora en la persona misma (es el superyó y ante él nada permanece oculto[85]). Pero para el superyó la renuncia a lo pulsional no es suficiente; los deseos persisten y no pueden esconderse ante esta instancia censora.

Pese a la renuncia consumada sobreviene un sentimiento de culpa, que es la desventaja de la implantación de la conciencia moral. Así, una desdicha que amenazaba desde fuera (pérdida de amor y castigo por parte de la autoridad externa) se ha trocado en desdicha interior permanente, la tensión de la conciencia de culpa. La renuncia de lo pulsional (impuesta desde afuera) crea la conciencia moral, que después reclama más y más renuncias.[86] Esto va generando tensión, angustia, culpa, malestar en la persona, ya que nunca puede satisfacer las exigencias del superyó, las cuales cada vez son más severas y reclaman castigo en caso de incumplimiento. El sentimiento de culpa (tensión entre un superyó severo y el yo que le está sometido) se exterioriza como necesidad de castigo, y tiene dos orígenes: la angustia frente a la autoridad y la angustia frente al superyó. La primera lleva a renunciar a las satisfacciones pulsionales; la segunda, además, al castigo, puesto que no se puede ocultar ante el superyó la persistencia de los deseos prohibidos. De modo que el superyó simplemente es la continuación de la severidad de la autoridad externa, relevada y en parte sustituida por ella.

El malestar y la infelicidad también se hacen patentes en el adulto, y no sólo en el niño. Para Freud la vida, como nos es impuesta, resulta gravosa y trae consigo penas y dolores, ya que el hombre sufre por tres razones principales: al darse cuenta de que su propio cuerpo está destinado a la corrupción, a la muerte; al darse cuenta que el mundo exterior lo rebasa con su fuerza despiadada y destructora, y al entrar en conflicto con otros seres humanos.[87] De manera que el hombre puede sentirse dichoso sólo en la medida en que logra evitar estas desgracias. La evasión de estas situaciones de infelicidad se logra mediante calmantes o satisfacciones sustitutivas, incluso sustancias embriagadoras, que vuelvan al hombre insensible.[88] Asimismo, la religión puede convertirse en un calmante ante el sufrimiento de esta vida, al recurrir a la providencia de un Dios que proteja de los males y peligros. El hombre puede apelar también a la soledad, evitando las relaciones humanas que le ocasionan desdicha, puede recurrir al dominio y sometimiento de la naturaleza mediante la técnica guiada por la ciencia, puede echar mano de la intoxicación, de la sabiduría oriental y de la práctica del yoga que pretenden eliminar las pulsiones, pero éstos no son sino remedios momentáneos. De este modo, parecería que "[...] el programa que nos impone el principio del placer, el de ser felices, es irrealizable; empero, no es lícito —más bien, no es posible— resignar los empeños por acercarse de algún modo a su cumplimiento".[89] Más adelante se explica la vía que Freud propone para evitar la desdicha.

Según se expuso en el primer capítulo, el hombre está constituido fundamentalmente por dos tipos de instintos: eróticos y destructivos. La cultura le impone renunciar a sus impulsos sexuales, primero restringiendo el deseo sexual por la madre y después dejando en claro que sólo permitirá las relaciones sexuales genitales sobre la base de una ligazón definitiva e indisoluble entre un hombre y una mujer, por lo que no se acepta la sexualidad como fuente autónoma de placer y sólo se tolera como la fuente para la multiplicación de los seres humanos;[90] pero esa misma cultura reprime al hombre en sus impulsos destructivos, imponiéndole, por ejemplo, preceptos como "amar al prójimo" e incluso al enemigo.

Por estos sacrificios, los hombres difícilmente se sienten dichosos dentro de la cultura.[91] Con respecto a estas represiones de la sociedad Freud afirma:

Mi amor es algo valioso para mí, no puedo desperdiciarlo sin pedir cuentas. Me impone deberes que tengo que disponerme a cumplir con sacrificios. Si amo a otro, él debe merecerlo de alguna manera [...] Si es un extraño para mí y no puede atraerme por algún valor suyo o alguna significación que haya adquirido para mi vida afectiva me será difícil amarlo. Y hasta cometería una injusticia haciéndolo, pues mi amor se aquilata en la predilección por los míos, a quienes infiero una injusticia si pongo al extraño en un pie de igualdad con ellos [...] ¿Por qué, pues, se rodea de tanta solemnidad un precepto cuyo cumplimiento no puede recomendarse como racional?[92]

La cultura tiene que movilizarlo todo para poner límites a las pulsiones agresivas de los seres humanos, para frenar mediante formaciones psíquicas reactivas sus exteriorizaciones. De ahí el recurso a métodos destinados a impulsarlos hacia identificaciones y vínculos amorosos de meta inhibida; de ahí la limitación de la vida sexual y de ahí, también, el mandamiento ideal de amar al prójimo como a sí mismo, que en la realidad efectiva sólo se justifica por el hecho de que nada contraría más a la naturaleza humana originaria. Pero con todos sus empeños, este afán cultural no ha conseguido gran cosa hasta ahora.[93]

Como la cultura impone tantos sacrificios no sólo a la sexualidad, sino también a la pulsión agresiva del ser humano, se comprende por qué éste se siente infeliz en ella. El hombre, dentro de la cultura, cambia la dicha por la seguridad. En realidad la cultura reprime la sexualidad porque requiere de su energía para construir la cultura y para contrarrestar los impulsos agresivos del ser humano, uniéndolo libidinalmente con los otros, ya que al instinto de agresión sólo se le puede oponer exitosamente el instinto erótico.

De este modo, "[...] la cultura se ve forzada a unir a los miembros de la comunidad de trabajo con lazos libidinosos, so pena de destrucción de sí misma y a pesar de la represión que tiene que imponer así a los hombres".[94]

Hasta aquí se ha expuesto el malestar del individuo dentro de la cultura desde el análisis de la situación infantil y, posteriormente, desde la represión de los impulsos sexuales y destructivos que explica Freud.

Además, con el análisis expuesto sobre la prehistoria humana, quedó establecida la manera en que el hombre primitivo es reprimido y sufre culturalmente: el padre le arrebata la posibilidad de dicha al hijo al excluirlo de la posesión de las hembras; mediante el asesinato colectivo el hijo adquiere poder, pero la ambivalencia de sentimientos hacia el padre le ocasionan culpa y establece leyes que considera formas de expiación dirigidas a su padre-tótem-Dios. Los deseos más intensos (comer al tótem y el incesto) son reprimidos y no es posible satisfacerlos, y como el hombre conserva una huella mnémica de las épocas pasadas, una herencia arcaica, estos acontecimientos son también fuente de molestia para el hombre actual.

En el desarrollo anterior se expuso, también, la manera en que para Freud se conjugan los inicios de la moral y la religión en el Complejo de Edipo, pues las normas e instituciones que aparecieron por primera vez en el totemismo derivaron del deseo sexual reprimido por la madre y del asesinato y devoramiento del padre, que se volvieron motivo de culpa. Así, la sociedad reposa en la responsabilidad común del crimen colectivo, la religión en la conciencia de culpa y el remordimiento, y la moral en la necesidad de una nueva sociedad y en la expiación exigida por la conciencia de culpabilidad.

Por otro lado, la cultura obedece a una impulsión libidinal interior que ordena a los seres humanos unirse en una masa estrechamente atada, respondiendo al instinto erótico, reprimiendo una parte de la sexualidad y luchando contra el instinto agresivo, lo cual da como resultado una represión creciente que se ve reflejada en el sentimiento de culpabilidad (éste es la expresión del conflicto entre el instinto erótico y el destructivo). Y la formación de la cultura se logra por un refuerzo siempre creciente del sentimiento de culpa, que es el instrumento del que se sirve la cultura para introyectar la agresividad que podría descargarse en los otros.

Pero no sólo se habla de un superyó individual que plantea reclamos y exigencias introyectadas en el individuo; existe también un superyó propio de la época cultural. El origen de este superyó cultural es semejante al del individuo: reposa en la impresión que han dejado tras de sí grandes personalidades conductoras, hombres de fuerza espiritual avasalladora, o tales que en ellos una de las aspiraciones humanas se ha plasmado de la manera más intensa y pura.[95] El superyó de la cultura plasma sus ideales y plantea reclamos; entre éstos, los que atañen a los vínculos recíprocos entre los seres humanos se resumen bajo el nombre de ética (o moral, que para Freud es indistinto[96]). En este superyó cultural se trata de desarraigar la inclinación sexual y agresiva del ser humano, desde preceptos como el ya señalado "amarás a tu prójimo como a ti mismo". Sin embargo "[…] la ética es limitación de lo pulsional",[97] y como para Freud la felicidad es un equivalente de satisfacción pulsional, resulta evidente que la cultura y la moral provocan desdicha e infelicidad. Además, como el individuo ha introyectado esos reclamos éticos, se vuelve incapaz de realizar una crítica a la sociedad, por lo que inconscientemente adopta la función de sostén pasivo de la misma. Esto acarrea, además, problemas de tipo psicológico, tales como neurosis o incluso la intoxicación crónica o psicosis,[98] en las que el individuo crea satisfacciones sustitutivas que lo alejan de la realidad. Así, para Freud los síntomas de la neurosis son esencialmente satisfacciones sustitutivas de deseos sexuales incumplidos; cuando una aspiración pulsional sucumbe a la represión, sus componentes libidinosos son traspuestos en síntomas y sus componentes agresivos en sentimiento de culpa. De este modo, la aspiración de dicha individual y de acoplamiento a la comunidad luchan entre sí en cada individuo, por lo que el proceso de desarrollo del individuo y el de la cultura entablan hostilidades recíprocas.[99] Y ya que los individuos ven a la cultura como opresión (al imponerles sacrificios que hagan posible la convivencia), ésta se protege mediante normas, instituciones o mandamientos que se imponen a una mayoría por una minoría que ha sabido apropiarse de los medios de poder y de compulsión. Sin embargo, pese al malestar que las normas ocasionan, no es posible cancelarlas: si las prohibiciones desaparecieran, la vida se volvería una sucesión de satisfacciones, cada quien haciendo su gusto, pero con la dificultad de que los otros tendrían los mismos deseos y no dispensarán a un individuo un trato considerado. Sólo un tirano o un dictador que haya atraído hacia sí todos los medios de poder podría satisfacer sus deseos y tendría la autoridad para imponer obediencia a los demás y que éstos respetaran los mandatos. Además, una desaparición de las prohibiciones condenaría al hombre a la autodestrucción como resultado del libre despliegue del instinto de muerte.

Finalmente, como la sociedad es represiva, genera desdicha y no se puede evitar la implantación de normas, Freud analiza la alternativa que se propone al hombre para evitar, si no completamente al menos en parte, la desdicha, infelicidad o malestar.

Sublimación

Para Freud es importante que cada hombre ensaye por sí mismo la manera en que puede alcanzar la bienaventuranza. En esto, además de las circunstancias externas, será decisiva la constitución psíquica del individuo. Si es predominantemente erótico, antepondrá los vínculos de sentimiento con otras personas; si tiende a la autosuficiencia narcisista, buscará las satisfacciones sustanciales en sus procesos anímicos internos; el hombre de acción no se apartará del mundo exterior, que le ofrece la posibilidad de probar su fuerza; y como las pulsiones son algo constitutivo del ser humano y Eros e instintos destructivos no pueden suprimirse, es necesario analizar a través de qué vías de satisfacción les permite desplegarse la cultura.

Freud cree que la energía instintiva no puede contentarse indefinidamente con ser reprimida, sino que debe ser transformada de una u otra manera, transferida a otro plano, buscando vías alternativas de satisfacción. Ésta es la base de la concepción psicoanalítica de *sublimación*.

> La energía *primaria* y elemental del instinto, en la medida en que no encuentra en la realidad su objeto, es decir, en la medida en que la reglamentación social (esto es, el principio del "superyó") le priva de este objeto y hace imposible la satisfacción espontánea directa, se trasplanta, se transfiere, se transforma, encuentra una satisfacción supletoria, se crea ella misma una *nueva realidad*, esto es, una nueva esfera de su satisfacción, en la que encuentra una compensación y da vida así a la realidad espiritual.[100]

Freud propone la sublimación como el desplazamiento de las energías de ciertos instintos hacia realizaciones de un nivel superior, más elevado y de mayor valor social y cultural. Estas energías son, ante todo, las del instinto erótico, puesto que éste es, para Freud, el instinto fundamentalmente constructivo y creador.[101] Lo que el hombre necesita para vivir en la cultura es reorientar los fines instintivos, de manera que eludan la frustración del mundo exterior; se desplaza la energía libidinosa hacia el trabajo psíquico o intelectual (arte, ciencia, etcétera) y todos estos caminos pueden ser utilizados por el individuo para alcanzar el propio equilibrio personal (con excepción de la religión, cuya técnica se basa en la reducción del valor de la vida y en deformar delirantemente la imagen del mundo real, medidas que tienen como condición previa la intimidación de la inteligencia).[102]

Los instintos reorientados al trabajo psíquico e intelectual generan satisfacciones como el arte, que consiste en corporeizar los productos de la fantasía. Algunos otros pretenden, por su parte, recrear el mundo, edificar otra realidad donde los rasgos insoportables se hayan eliminado y sustituido, resultando una transformación delirante de la realidad efectiva a nivel colectivo, lo cual corresponde específicamente a las religiones.

Refiriéndonos a la sublimación que se encuentra en el arte, Freud afirma:

El artista, como el neurótico, se había retirado de la insatisfactoria realidad efectiva a ese ámbito de la fantasía, pero, a diferencia de aquél, se ingeniaba para hallar el camino de regreso y volver a hacer pie sólidamente en la realidad fáctica. Sus creaciones, las obras de arte, eran satisfacciones fantaseadas de deseos inconscientes, en un todo como los sueños, con los cuales tenían además en común el carácter del compromiso, pues también ellas debían esquivar el conflicto franco con los poderes de la represión. Pero a diferencia de las producciones oníricas, asociales y narcisistas, estaban calculadas para provocar la participación de otros seres humanos, en quienes podían animar y satisfacer las mismas mociones inconscientes de deseo.[103]

Para Freud los artistas expresan en las obras que producen aquellos deseos y pulsiones que no pueden satisfacer en la realidad. Mediante técnicas adecuadas disfrazan sus verdaderos intereses y deseos, de modo que en lo esencial son seres insatisfechos.

Desde esta perspectiva, el artista se encuentra en las siguientes condiciones:

[...] constreñido por necesidades pulsionales hiperintensas; querría conseguir honores, riqueza, fama y el amor de las mujeres. Pero le faltan los medios para alcanzar estas satisfacciones. Por eso, como cualquier otro insatisfecho, se extraña de la realidad y transfiere todo su interés, también su libido, a las formaciones de su vida fantaseada [...] Se las ingenia, en primer lugar, para elaborar sus sueños diurnos de tal modo que pierdan lo que tienen de excesivamente personal y chocante para los extraños, y para que éstos puedan gozarlos también. Además, sabe atenuarlos hasta el punto en que no dejen traslucir fácilmente su proveniencia de las fuentes prohibidas. Por otro lado, posee la enigmática facultad de dar forma a un material determinado hasta que se convierta en copia fiel de la representación de su fantasía y, después, sabe anudar a esta figuración de su fantasía inconsciente una ganancia de placer tan grande que en virtud de ella las represiones son doblegadas y canceladas, al menos temporariamente. Y si puede obtener todo eso, posibilita que los otros extraigan a su vez consuelo y alivio de las fuentes de placer de su propio inconsciente, que se les habían hecho inaccesibles; así obtiene su agradecimiento y su admiración, y entonces alcanza *por* su fantasía lo que antes sólo lograba *en* ella: honor, poder y el amor de las mujeres.[104]

De estas afirmaciones se concluye que las fuerzas pulsionales del ser humano se expresan figuradamente, ya que la cultura, con los mecanismos de represión, impide su descarga directa.

Con estos planteamientos, Freud descubre que la sublimación representa un medio de cumplir las exigencias del yo sin recurrir a la represión.

Analizando diversas obras de arte,[105] Freud descubre que son esencialmente energía sexual sublimada y no otra cosa. La sublimación quedaría entonces definida como "[...] un proceso que atañe a la libido de objeto y consiste en que la pulsión se lanza a otra meta, distante de la satisfacción sexual; el acento recae entonces en la desviación respecto de lo sexual".[106] Así, Freud vislumbra en la sublimación la posibilidad de encontrar un equilibrio individual, aunque siempre a costa de grandes sacrificios para la persona, además de que no todos poseen esta capacidad de sublimación.

¿Diríamos que para Freud el hombre siempre estará insatisfecho en la cultura? La respuesta parece ser afirmativa. Como no es posible la descarga directa ya que ella conduce a la imposibilidad de vivir con otros seres humanos que de igual manera desean satisfacción, siempre habrá limitaciones pulsionales, normas, mandatos y, como consecuencia de ellos, malestar, neurosis e infelicidad en el hombre. La clave para superar la infelicidad sería evitar la represión mediante sublimaciones, y aunque éstas no permitieran al hombre la felicidad plena, sí le harían la vida más soportable.

TEORÍAS CRÍTICAS DEL MALESTAR EN LA CULTURA

Asumiendo la propuesta antropológica freudiana y analizando la relación que se establece entre hombre y sociedad, la conclusión del capítulo anterior fue que el individuo no puede escapar a la sensación de malestar que le provoca la incapacidad de descargar directamente sus pulsiones (en dicha descarga radicaría la felicidad), pues las normas morales han de resguardar la cultura y al mismo hombre (éste cambia la dicha por la seguridad).

Esta conclusión evidencia un cierto pesimismo freudiano, que parece sumir al hombre en la imposibilidad de alcanzar un estado de bienestar en su vida. Sin embargo, resulta difícil creer que la vida humana se deba reducir a un mero sobrevivir, tratando de evitar en la medida de lo posible las restricciones y sobrellevando, mediante sublimaciones, un malestar que —se quiera o no— está siempre presente. Parece, más bien, que el ser humano está llamado a algo más: a vivir feliz. Ya Freud enunciaba este innegable deseo humano:

¿Qué es lo que los seres humanos mismos dejan discernir, por su conducta, como fin y propósito de su vida? ¿Qué es lo que exigen de ella, lo que en ella quieren alcanzar? No es difícil acertar con la respuesta: quieren alcanzar la dicha, conseguir la felicidad y mantenerla [...] Es simplemente, como bien se nota, el programa del principio del placer el que fija su fin a la vida.[107]

Y concebir el propósito del hombre de ser dichoso —feliz— como algo "[...] absolutamente irrealizable"[108] provoca de inmediato un conflicto: la vida humana no puede limitarse a una vida en sociedad que produce malestar; es necesario descubrir la manera en que el hombre puede escapar a ese fatal destino.

Si asumimos en todos sus supuestos la teoría de Freud sobre el individuo y sus relaciones de hostilidad con la cultura, encontraremos una coherencia indiscutible: el hombre, que responde a una serie de pulsiones que necesitan descargarse, experimentará necesariamente malestar si las normas sociales impiden la liberación de su energía instintiva. No se trata, entonces, de buscar la inconsistencia teórica de Freud; más bien, es necesario dar un paso atrás, tratando de matizar su concepción antropológica para descubrir, de la mano de otras propuestas, nuevos elementos constitutivos del ser humano que posibiliten la consecución de la felicidad (que se deberá entender, también, en un panorama más amplio y no sólo como mera satisfacción pulsional).

En este capítulo expongo, pues, la limitada noción de felicidad de Freud, matizando su concepción antropológica y proporcionando indicios (que no una respuesta acabada) sobre la forma en que le es posible al hombre evitar el malestar en la cultura y alcanzar la felicidad, aun estando inmerso en la realidad social. Esas vetas que se pueden abrir a partir del estudio y crítica de la teoría freudiana están iluminadas, en este libro, fundamentalmente por Erich Fromm y Herbert Marcuse.[109] No obstante, es necesario aclarar que con la crítica a la antropología freudiana no se niegan los principales descubrimientos de Freud, especialmente con relación al inconsciente, la fuerza que ejerce la dimensión instintiva del individuo en su propio desarrollo y la división tripartita de la personalidad.

El concepto de felicidad de Freud

El propósito de la vida humana, como se ha dicho, es la dicha o felicidad. Analizando la definición freudiana, descubrimos que "[...] lo que en sentido estricto se llama 'felicidad' corresponde a la satisfacción más bien repentina de necesidades retenidas, con alto grado de estasis, y por su propia naturaleza sólo es posible como un fenómeno episódico".[110] De esta manera, se da la identificación de la felicidad con la satisfacción de necesidades o la sensación de placer derivada de ellas —momentánea, por cierto—, y esa aspiración puede darse de forma positiva (buscando experimentar intensos sentimientos de placer) o negativa (tratando de evitar el dolor y el displacer).

El hombre primitivo, antes del establecimiento de las instituciones y restricciones inherentes a ellas, no tenía limitaciones en lo pulsional, no establecía restricciones a sus instintos (al menos el padre del clan y jefe de la familia) y sus posibilidades de dicha eran mayores que al momento de establecer las normas culturales que, si bien le garantizaban protección y seguridad, impedían la satisfacción directa de sus pulsiones. Por ello, Freud cree que al cambiar dicha por seguridad, el hombre civilizado se encuentra impedido para ser feliz, dado que el bienestar y felicidad son posibles únicamente mediante la satisfacción pulsional directa. Se presenta, entonces, una disminución en las exigencias de satisfacción del ser humano, como sucede en la transformación del principio de placer en principio de realidad.

La alternativa que Freud parecería concebir para lograr el mayor grado posible de felicidad consistiría en que el hombre renunciara a la cultura —la abandonara— y volviera a encontrarse en condiciones primitivas,[111] solución que, por lo demás, no garantizaría completamente la felicidad al no poder asegurar la supervivencia. Así, esta salida resultaría limitada, además de impracticable.

Desde la perspectiva expuesta, en la consecución de la felicidad el hombre sólo involucra su condición biológica instintiva. Sin embargo, su naturaleza está dotada de otros elementos que no se pueden olvidar (capacidad racional, libertad, anhelo de trascendencia, necesidad de arraigo, etcétera) y que abren considerablemente el concepto de felicidad, que ya no se podrá entender como mera satisfacción pulsional. Un nuevo concepto de felicidad sustentado en una condición humana que rebase los determinismos biologicistas hará posible, también, la superación del malestar en la cultura. Por ello, a continuación se señalan algunos matices que se deben hacer con relación a la antropología freudiana. Igualmente, se presenta la propuesta de Fromm y la ampliación del concepto de felicidad que deriva de ella.

Crítica a la antropología freudiana

Existen dos importantes limitaciones en la propuesta antropológica de Freud que impiden considerar elementos humanos verdaderamente esenciales gracias a los cuales es posible la superación del malestar en la cultura: su postura biologicista y su concepto de libertad humana.

Freud asumió que el hombre se encuentra dominado por ciertos impulsos biológicamente determinados que condicionan el actuar.[112] De esta postura resulta una naturaleza humana estática, fija, invariable, que se encuentra en oposición a la sociedad siguiendo un modelo puramente mecanicista. Se elimina, así, cualquier otro tipo de vínculo individuo-cultura —sociedad— que pudiera involucrar la conciencia, la dimensión volitiva, la libertad, etcétera. Asimismo, esta manera de concebir la naturaleza humana conduce a una relación de eterna hostilidad entre los actores de la vida cultural —individuo y sociedad— y lleva a concluir que la sociedad debe domesticar al hombre, que es antisocial, y concederle unas cuantas satisfacciones directas de sus impulsos biológicos inextirpables. La única posibilidad de sobrellevar esta relación hostil radicaría en la puesta en juego de los mecanismos desarrollados por la cultura para transformar los instintos en actividades socialmente aceptadas —sublimación—, con lo cual se presupone que el individuo permanece siempre igual —biológicamente determinado— y sólo sufre cambios en cuanto la sociedad ejerce mayor presión sobre sus impulsos naturales y le obliga a una mayor sublimación o le concede ciertas satisfacciones —sacrificando la cultura—.

La concepción freudiana de la naturaleza humana consistía, sobre todo, en un reflejo de los impulsos más importantes observables en el hombre moderno, análogos a los llamados instintos básicos que habían sido aceptados por los psicólogos anteriores. Para Freud, el individuo perteneciente a su cultura representaba el "hombre" en general, y aquellas pasiones y angustias que son características del hombre en la sociedad moderna eran consideradas como fuerzas eternas arraigadas en la constitución biológica humana.[113]

Erich Fromm, por el contrario, resalta la necesidad de que no se consideren las inclinaciones humanas como elementos que integran una naturaleza humana fija y biológicamente dada. Con ello, destaca el hecho de que el proceso social ejerce influencia para crear al hombre y no sólo para reprimirlo (lo cual no anula, desde luego, la parte represora que la sociedad tiene),[114] con lo cual el desarrollo del carácter humano no se entiende sólo en función de la satisfacción o frustración de los impulsos por parte de la sociedad. "La naturaleza humana no es fija —y por eso la cultura no puede ser interpretada como el resultado de instintos humanos fijos—, ni la cultura es un factor fijo al que se adapte la naturaleza en forma pasiva y completa".[115]

Por otra parte, Freud cree que la libertad humana reside en la toma de conciencia de los contenidos que forman el inconsciente; es decir, asimilar y entender cuáles son las motivaciones profundas del actuar.

En la medida en que se hace consciente lo inconsciente (lo reprimido sobre todo) el hombre se *apropia* de los contenidos *ajenos* del inconsciente. Y esta *apropiación* es una forma eminente de integración y libertad. Y aunque el conocimiento o la conciencia no alterasen "de hecho" la realidad y la conducta concreta, y se siguiese siendo (y haciendo) *"lo mismo"*, se ha producido, no obstante, una mutación *cualitativa*, esencialmente moral de la vida. La "toma de conciencia" puede no cambiar nada externo y objetivo; pero el *hombre no es el mismo* tras ella. Su *conciencia* le des-reprime, a la vez que le responsabiliza y moraliza; es decir, le hace libre.[116]

No obstante, la toma de conciencia no basta para ejercer la libertad, ya que en la teoría de Freud hay otros factores que la limitan considerablemente e incluso podría pensarse que la llegan a anular. Tales factores son: el desarrollo infantil, donde se producirían los acontecimientos realmente significativos para todo el desarrollo humano ulterior (especialmente los primeros cinco años de vida del niño); la herencia arcaica, desde la cual el hombre actuaría según el molde prefijado por sus ancestros; el inconsciente, que motiva a la acción sin que el sujeto pueda darse cuenta de los móviles que lo impulsan, y el conjunto de instintos, los cuales buscan siempre satisfacerse y son capaces de motivar poderosamente el actuar humano.

En los apartados siguientes se observa la forma en que, desde la postura de Fromm, estos elementos descuidados por Freud (como el vínculo social como forjador de la personalidad y la libertad) se vuelven decisivos para la plena realización y felicidad humanas.

La naturaleza humana según Fromm

Fromm reconoce el descubrimiento de Freud con respecto a la importancia que ejercen las pasiones e instintos en la motivación de la conducta humana (las pasiones serían expresiones de los instintos eróticos y destructivos); sin embargo, afirma que gran parte de los impulsos pasionales del hombre no pueden explicarse por la fuerza de sus instintos:

Aun cuando el hambre, la sed y el apetito sexual del hombre estén completamente satisfechos, "él" no está satisfecho. Sus problemas más apremiantes, en contraste con el animal, no quedan resueltos con eso, sino que entonces apenas comienzan. El hombre lucha por el poder, el amor o la destrucción; arriesga su vida por la religión o por ideales políticos o humanitarios, y estos esfuerzos son los que constituyen y caracterizan la peculiaridad de la vida humana.[117]

Para entender la insistencia de Fromm por explicar la felicidad más allá de la satisfacción instintiva, hay que exponer el contraste que establece entre el ser humano y el animal. Este último se adapta al mundo de forma siempre inalterable, de modo que si su equipo instintivo no es, en un momento dado, apto para hacer frente con éxito a los cambios del ambiente, la especie se extingue. Por ello su existencia está caracterizada por un estado de armonía.[118] Sin embargo, cuanto menos estable es el equipo instintivo del animal, más desarrollado se encuentra el cerebro, junto con la capacidad de aprender. Es aquí donde ubicamos al hombre, que vive en desarmonía, con necesidades que trascienden en mucho las necesidades derivadas de su origen animal. En el hombre habría —a diferencia del animal— una ausencia de regulación instintiva en el proceso de adaptación al mundo exterior, lo que ha dado lugar a que en él aparezcan nuevas cualidades que lo diferencian del animal (aun cuando se encuentre disminuido biológicamente): la advertencia de sí mismo como una entidad separada; su capacidad para recordar el pasado, vislumbrar el futuro y denotar objetos y acciones por medio de símbolos; su razón para concebir y comprender al mundo y su imaginación a través de la cual llega más allá del alcance de sus sentidos.[119]

Si reconocemos que el hombre es el más desamparado de los animales al momento de nacer, que depende de sus padres más que cualquier otro animal y que sus reacciones al ambiente son menos rápidas y menos eficientes que las reacciones automáticamente reguladas por el instinto, entonces también habrá que reconocer que su adaptación a la naturaleza se funda sobre todo en el proceso educativo (y no en la determinación instintiva): "El instinto es una categoría que va disminuyendo, si no desapareciendo, en las formas zoológicas superiores, especialmente en la humana".[120]

En lugar de una acción instintiva predeterminada, el hombre debe valorar mentalmente diversos tipos de conducta posibles; empieza a pensar. Modifica su papel frente a la naturaleza, pasando de la adaptación pasiva a la activa: crea. Inventa instrumentos, y al mismo tiempo que domina a la naturaleza, se separa de ella de más en más. Va adquiriendo una oscura conciencia de sí mismo —o más bien de su grupo— como de algo que no se identifica con la naturaleza. Cae en la cuenta de que le ha tocado un destino trágico: ser parte de la naturaleza y sin embargo trascenderla.[121]

Con la aparición de nuevas cualidades que lo distancian del animal, el hombre tiene que enfrentar una serie de "dicotomías existenciales": se observa limitado e impotente pero su cuerpo le hace querer vivir; carece de hogar al sentirse lejano a los otros animales y debe crear un mundo humano; cada logro que consigue lo deja inconforme y lo lanza a encontrar nuevas soluciones.

El hombre es el único animal que puede estar *fastidiado*, que puede estar *disgustado*, que puede sentirse expulsado del Paraíso. El hombre es el único animal para quien su propia existencia constituye un problema que debe resolver y del cual no puede evadirse. No puede retornar al estado prehumano de armonía con la naturaleza; debe proceder a desarrollar su razón hasta llegar a ser el amo de la naturaleza y de sí mismo.[122]

El ser humano puede tomar diversos caminos para dar solución a sus dicotomías: existen individuos que apaciguan su mente por medio de ideologías armonizantes y suavizadoras; otros tratan de escapar de su inquietud interior por medio de una actividad incesante en los placeres o en los negocios; algunos más intentan abolir su libertad y transformarse en instrumento de poderes externos, sumergiendo su propio ser en ellos. Sin embargo, todos ellos experimentan la insatisfacción, la ansiedad, la inquietud. Fromm cree que sólo existe una solución al problema: que el hombre se enfrente con la verdad, admita su soledad fundamental en medio de un universo indiferente a su destino y reconozca que no existe ningún poder trascendente que sea capaz de resolverle su problema. El hombre debe aceptar la responsabilidad para consigo mismo y también el hecho de que solamente usando sus propios poderes puede dar significado a su vida.

> El hombre no cesará jamás de asombrarse, de quedar perplejo y plantearse nuevos problemas. Solamente reconociendo la situación humana, las dicotomías inherentes a su existencia y su capacidad de desplegar sus poderes, será capaz de tener éxito en su tarea: ser él mismo y para sí mismo y alcanzar la felicidad por medio de la realización plena de aquellas facultades que son peculiarmente suyas: la razón, el amor y el trabajo productivo.[123]

Entendiendo al ser humano desde esta perspectiva, Fromm se separa de Freud; la satisfacción de las necesidades biológicas humanas *no* lleva a trascender la animalidad. Existen, en cambio, otras facultades que sí le son propias y en cuyo ejercicio el hombre alcanzará la plenitud y realización —felicidad—: el amor, la razón, la libertad y el trabajo productivo.

A partir de estos conceptos, conviene analizar en qué radica la felicidad para este hombre que se sabe distante del animal y que experimenta una serie de dicotomías existenciales, así como la manera en que los cuatro elementos propios de lo humano antes mencionados se desarrollan para llevar al individuo a su plenitud, evitándole una vida en sociedad marcada por la sensación de malestar.

El concepto de felicidad de Fromm

Para entender el concepto de felicidad, Fromm hace una distinción con el término *placer* (que para Freud resultaría equivalente a *felicidad*).

El placer se produce cuando se alivia una tensión penosa del individuo. Hay una necesidad fisiológica que satisfacer, por ejemplo, el hambre, la sed o el sueño, y si la necesidad permanece sin satisfacción por un periodo de tiempo prolongado, genera una tensión penosa. Al liberar esta tensión y satisfacer la necesidad, se experimenta placer o satisfacción. Ésta, que consiste en el alivio de una tensión, constituye psicológicamente el placer más común y más fácil de lograr; sin embargo, para muchas personas constituye casi exclusivamente el único placer que han experimentado (y que acaso los lleva a creer que en ello radica la felicidad).

Por otra parte, para lograr entender la diferencia entre el mero placer y la felicidad, Fromm propone la distinción entre los conceptos de *escasez* y *abundancia*. La satisfacción que se produce en el individuo al aliviar una tensión producida por una necesidad fisiológica indica que existía una carencia, la escasez de algo. Esta dimensión se encuentra presente no sólo en el ser humano, sino también en los animales. Sin embargo, más allá de la escasez que se puede experimentar, la dimensión de la abundancia es un fenómeno esencialmente humano, pues es el reino de la productividad, de la actividad interior. La diferencia entre escasez y abundancia (y entre satisfacción o placer y felicidad) existe en todas la esferas de la actividad, incluso con respecto a funciones elementales como el hambre. Para entender con claridad esta distinción, consideremos los siguientes ejemplos: el hambre es un fenómeno de escasez, y su satisfacción es una necesidad; cuando se da esta satisfacción, la tensión que existía es aliviada. Sin embargo, cuando se habla de la satisfacción del *apetito* (anticipación de una experiencia gustativa deleitosa cuando aún no se produce la tensión), se habla de un fenómeno de abundancia, porque en donde no existía la necesidad de aliviar la tensión entraron en juego la libertad y productividad humanas (se produjo, entonces, gozo, más que satisfacción). Se habla de la realización de una actividad por gusto, refinamiento, decisión, etcétera.

Lo mismo sucede con respecto a lo sexual. La necesidad sexual se elimina con la satisfacción. Sin embargo, al hablar de abundancia entra en juego el apetito, la anticipación a la necesidad, el deseo y el placer, la libertad; todos ellos pertenecen al reino de la abundancia y son fenómenos exclusivamente humanos.

Así, es clara la diferencia que se establece entre el placer o satisfacción y el gozo (que se aproxima a la felicidad, como veremos en seguida).

Fromm cree que la satisfacción no requiere un esfuerzo emocional, sino sólo la capacidad para producir las condiciones necesarias para aliviar la tensión. Por otra parte, el gozo es un triunfo, ya que presupone un esfuerzo interior, una actividad productiva. Aquí es donde aparece la felicidad.

Mientras el gozo se refiere a un acto singular, la felicidad es una experiencia continua e integrada de gozo. Así, felicidad y gozo son una adquisición debida a la productividad interior del hombre y no a la satisfacción de una necesidad originada por una carencia fisiológica; no son el alivio de una tensión, sino el fenómeno que acompaña a toda la actividad productiva, en el pensar, en el sentir y en la acción.

La felicidad es la indicadora de que el hombre ha encontrado la respuesta al problema de la existencia humana: la realización productiva de sus potencialidades siendo simultáneamente uno con el mundo y conservando su propia integridad. Al gastar su energía productivamente, acrecienta sus poderes, "se quema sin ser consumido". La felicidad *es el criterio de excelencia en el arte de vivir*.[124]

La felicidad, entonces, es la prueba del éxito (parcial o total) obtenido en "el arte de vivir", es el mayor triunfo del hombre, es la respuesta de su personalidad total a una orientación productiva hacia sí mismo y hacia el mundo exterior.

La felicidad resulta de la experiencia de una vida productiva y del uso de las potencias del amor y de razón que nos unen con el mundo. La felicidad consiste en nuestro contacto con lo más hondo de la realidad, en el descubrimiento de nuestro yo y de nuestra identidad con los demás, así como de nuestras diferencias con ellos. La felicidad es un estado de intensa actividad interior y la sensación del aumento de energía vital que tiene lugar en la relación productiva con el mundo y con nosotros mismos.[125]

Y también forman parte de esta felicidad los logros que el individuo se haya propuesto realizar, aunque no se trate de actividades necesariamente productivas, ya que constituyen la prueba del propio poder, de la capacidad para enfrentarse al mundo exterior con éxito; lo importante es que exista alguna dificultad en la tarea que se propone realizar (y que haya un resultado satisfactorio).

Podemos, así, resaltar la diferencia radical entre las teorías de Freud y Fromm: el primero reduce la felicidad a la satisfacción de las necesidades biológicas que son características del reino animal; el segundo encuentra en la actividad productiva, la libertad y el esfuerzo interior, el camino hacia la consecución de la felicidad.

Resumiendo, para Freud no es posible evitar el malestar en la cultura debido a su estrecho concepto de felicidad, así como a su determinismo biologicista y a su reducida noción de libertad. Sin embargo, Fromm nos proporciona un matiz en la forma de entender la naturaleza humana, la cual se ha separado de la animalidad para adquirir cualidades como la conciencia de sí mismo en tanto que entidad separada, la capacidad simbólica y la razón. Además, Fromm presenta un concepto de felicidad más amplio (acorde con esas facultades típicamente humanas) que pone en juego el ejercicio del amor, la razón, la libertad y el trabajo productivo.

Así, según Freud la cultura genera neurosis en el individuo y malestar por la represión, entendiendo esta última como la consecuencia de que la cultura impida la satisfacción directa de las pulsiones. Para Fromm, gracias a la razón (facultad esencialmente humana), la necesidad y las pulsiones se satisfacen por distintas vías y no únicamente mediante el alivio de la tensión generada por la necesidad, sino gracias a una anticipación a ella, poniendo en juego el reino de la productividad, la actividad interior y la satisfacción del apetito. Debemos, así, considerar al hombre en un panorama más amplio que como lo presenta Freud (tomando en cuenta sus facultades racionales, simbólicas, creativas), lo cual permite al ser humano buscar vías de satisfacción de sus necesidades que no lleguen al punto de tensión en que la cultura sólo permita la satisfacción con determinadas (y muy limitadas) alternativas, restringiendo el actuar con leyes sociales.

En el apartado siguiente se exponen las características esenciales que implican el amor, la razón, la libertad y el trabajo productivo. Podría considerarse que el bienestar en la cultura radica, concretamente, en asumir y ejercer dichas características.

Bienestar en la cultura

Para Fromm, el bienestar radica en la resolución de las dicotomías existenciales del ser humano, en la necesidad de trascenderse, de dar un sentido a su vida.

El primer elemento que es capaz de llevar al hombre al bienestar es el *amor*. Al analizar la naturaleza humana, señalábamos que el hombre ha perdido la unión con la naturaleza, característica del animal, por lo que se vuelve consciente de su soledad gracias a la razón e imaginación. "La necesidad más profunda del hombre es, entonces, la necesidad de superar su separatidad, de abandonar la prisión de su soledad".[126] El hombre así abandonado no puede soportar esta condición a menos de que establezca nuevos vínculos con sus semejantes. Y aquí no importa que todas las necesidades fisiológicas estuvieran resueltas, porque sin relación con los otros inevitablemente viene el desequilibrio mental.[127] De las relaciones que se establecen con los otros seres humanos, la única constructiva es el amor, a diferencia, por ejemplo, del sadismo y el masoquismo (formas destructivas). Fromm lo define como la "[…] unión con alguien o algo exterior a uno mismo, a condición de retener la independencia e integridad de sí mismo".[128]

En la experiencia amorosa se da la comunión, coparticipación y desaparecen las ilusiones (con respecto a la otra persona o a uno mismo). Cuando se ama, el objeto queda en segundo término; así, se puede dar el amor a la humanidad en la solidaridad, el amor erótico entre hombre y mujer, el amor de la madre al hijo y viceversa, el amor por sí mismo como humano y el sentimiento místico de unión con lo trascendente. También abarca una serie de cualidades que enriquecen al ser humano:

> El amor productivo implica siempre un síndrome de actitudes: *solicitud, responsabilidad, respeto y conocimiento*. Si amo, soy solícito, es decir, me intereso activamente por el desarrollo y la felicidad de la otra persona, no soy un espectador pasivo. Soy responsable, es decir, respondo a sus necesidades, a las que puede manifestar y más aún a las que no manifiesta o no puede manifestar. La respeto, es decir (de acuerdo con el significado originario de *re-spicere*), la veo tal como es, objetivamente, y no deformada por mis deseos y temores. La conozco, penetré a través de su superficie hasta el núcleo de su ser y me puse en relación con ella desde el núcleo de mi ser, desde el centro —por oposición a la periferia— de mi ser.[129]

En contraste, la persona narcisista, que no sabe amar, se encuentra psíquicamente enferma. Para el narcisista no hay más que una realidad: la de sus propios pensamientos, sentimientos y necesidades. No se percibe el mundo exterior como existente en sus propias circunstancias, condiciones y necesidades. Sin embargo, cuando se ama productivamente (lejos de las perversiones del amor, como el amor erótico motivado por la fusión pero sin amor fraterno, o como las relaciones destructivas del sadismo y el masoquismo), el individuo conserva su libertad e integridad, al tiempo que se siente unido con el prójimo.

Es en el amor, entonces, donde se da el primer indicio para lograr el equilibrio de la persona y procurarle una vida feliz, resolviendo una de sus dicotomías existenciales: el sentimiento de soledad.

En oposición a esta teoría, Freud no reconoce en las relaciones humanas la posibilidad de desarrollar el amor como comunión, participación y pertenencia.[130] Más bien ve en el hombre un ser fundamentalmente antisocial, que establece relaciones con el fin de satisfacer sus necesidades instintivas; así, por ejemplo, la cultura se formó, en la prehistoria, por la necesidad del hombre tanto de procurarse auxiliares en el trabajo como objetos de satisfacción genital. Las relaciones tendrían siempre la finalidad de la propia satisfacción (erótica o agresiva) y considerarían al otro como un objeto que satisface o no las demandas pulsionales.

[...] el prójimo no es solamente un posible auxiliar [en el trabajo] y objeto sexual, sino una tentación para satisfacer en él la agresión, explotar su fuerza de trabajo sin resarcirlo, usarlo sexualmente sin su consentimiento, desposeerlo de su patrimonio, humillarlo, infligirle dolores, martirizarlo y asesinarlo.[131]

La diferencia entre ambas teorías se vuelve patente al reconocer el concepto que Freud maneja sobre el amor. Para él, consiste en el vínculo entre varón y mujer que fundaron una familia sobre la base de sus necesidades genitales.[132] Y aunque se le suele entender, según Freud, como el conjunto de sentimientos positivos entre padres e hijos y entre los hermanos dentro de la familia, para él no son más que desviaciones del amor sexual, son amor de meta inhibida.[133] Con este concepto interpreta cualquier sentimiento de ternura o comunión. "El amor de meta inhibida fue en su origen un amor plenamente sensual, y lo sigue siendo en el inconsciente de los seres humanos".[134]

Encontramos, entonces, una clara oposición entre ambos pensadores, pues mientras para Fromm el amor es uno de los elementos que ponen en juego lo esencialmente humano con lo cual es posible evitar el malestar, para Freud "[...] por una parte, el amor se contrapone a los intereses de la cultura; por la otra, la cultura amenaza al amor con sensibles limitaciones".[135] Una vez más nos encontramos con los conceptos reductivos de la teoría freudiana, la cual descarta la posibilidad del amor como relación activa y creadora.

Siguiendo con el análisis de las cualidades puramente humanas capaces de llevar al bienestar al hombre, Fromm propone la necesidad de desarrollar la *razón humana*. No debe entenderse a ésta como la capacidad de acumular contenidos intelectuales ni como el predominio absoluto de la capacidad intelectual del hombre dejando de lado la afectividad, la volición o cualquiera de las facultades exclusivamente humanas. Cuando Fromm habla de razón se refiere al hecho de que el hombre "[...] es *vida consciente de sí misma;* tiene conciencia de sí mismo, de sus semejantes, de su pasado y de las posibilidades de su futuro".[136] Así, el hombre adquiere conciencia de su separatidad, de su soledad, del hecho de que nace sin decidirlo y muere contra su voluntad, toma conciencia de la enfermedad, de su desvalimiento frente a las fuerzas de la naturaleza y de la sociedad, y ante todo ello vuelve, una vez más, al amor como la respuesta capaz de proporcionarle alivio ante la existencia separada y desunida; se vincula con los demás.

Por otra parte, la razón también permite al hombre entender los fenómenos e incluirlos en un contexto comprensible para poder manejarlos en sus pensamientos. Esto nos habla de la necesidad humana de una estructura de sentido que proporcione orientación intelectual en el mundo. Cuanto más se desarrolla la razón (en el proceso de crecimiento del individuo), tanto más adecuado y aproximado a la realidad resulta ese sistema de orientación. Desde esta perspectiva la razón se entiende como la "[...] facultad del hombre para captar el mundo por el pensamiento",[137] y se diferencia de la inteligencia en cuanto que ésta consiste sólo en manipular el mundo con ayuda de las ideas. La razón es esencialmente humana, al permitir la captación y el desarrollo de conocimientos verdaderos, mientras que la inteligencia permanece en el plano animal. Captar el mundo por el pensamiento implica objetividad, que el ser humano posea la facultad de ver el mundo, la naturaleza, las demás personas y a sí mismo como son, sin deformaciones producidas por deseos o temores. Si el hombre va desarrollando esa objetividad, entonces alcanza un mayor contacto con la realidad, mayor madurez y puede crear un mundo humano al que sienta como su hogar (su conciencia de separatidad lo volvía un extraño frente a la naturaleza y los animales; un ser sin morada).

Un tercer elemento característico de la naturaleza humana que se debe desarrollar para alcanzar el bienestar en la cultura es la *libertad*. Sobre este aspecto se podría realizar un estudio exhaustivo por separado, pues en la obra de Fromm la libertad ocupa un lugar muy importante. Sin embargo, de acuerdo con la estructura de este libro, no hace falta más que presentar unas cuantas notas sobre la forma en que se entiende esta dimensión humana.

Fromm afirma que "[...] la libertad no es otra cosa que la capacidad de seguir la voz de la razón, de la salud, del bienestar, de la conciencia, contra las voces de pasiones irracionales".[138]

Sin embargo, la noción de libertad se puede entender en dos sentidos diferentes. Por una parte, "[...] la libertad es una actitud, una orientación, parte de la estructura de carácter de la persona madura, plenamente desarrollada, productiva".[139] En este sentido se considera como atributo (de igual manera que hablar del hombre amable, productivo, independiente). Pero la libertad tiene además otro sentido. Es "[…] la capacidad de elegir entre alternativas opuestas; pero alternativas que implican siempre la elección entre el interés racional y el irracional de la vida y su desarrollo contra el estancamiento y la muerte".[140] En este sentido, el hombre es capaz de elegir el sistema de orientación (acorde a la razón) que crea más conveniente: un sistema religioso, político, incluso un totalitarismo (ya que su capacidad de elección incluye la opción de elegir el estancamiento y la muerte).

Sin embargo, Fromm afirma que no existe algo que se denomine "libertad" más que en cuanto concepto abstracto y palabra.

> No hay más que una realidad: el *acto* de liberarnos a nosotros mismos en el proceso de elegir. En ese proceso varía el grado de nuestra capacidad para elegir con cada acto, con nuestra práctica de la vida. Cada paso en la vida que aumente la confianza que tengo en mí mismo, en mi integridad, en mi valor, en mi convicción, aumenta también mi capacidad para elegir la alternativa deseable, hasta que al fin se me hace más difícil elegir la acción indeseable que la deseable. Por otra parte, cada acto de rendición y cobardía me debilita, prepara el camino para nuevos actos de rendición, y finalmente se pierde la libertad.[141]

Esa capacidad de irse habituando a las alternativas deseables constituye uno de los elementos que también hacen posible el bienestar y la felicidad humanos. Y a pesar de lo limitado que pueda resultar el concepto de libertad en Freud (por las premisas de su teoría), Fromm reconoce su habilidad para descubrir el grado en que el hombre y la sociedad son inclinados a obrar de tal manera que con frecuencia la inclinación se vuelve determinación. Ante esta observación, Freud pensó que los modos irracionales de obrar pueden modificarse mediante el conocimiento de sí mismo y el esfuerzo. Y aunque Fromm afirma que Freud fue determinista en el sentido de que el hombre puede perder la batalla por la independencia y la libertad, le reconoce haber sido alternativista, al enseñar que "[...] el hombre puede elegir entre ciertas posibilidades averiguables, y que depende de él cual de estas alternativas tendrá lugar; depende de él mientras no haya perdido aún su libertad".[142]

Parece claro, entonces, que mientras el hombre asuma racionalmente su capacidad de elegir y elija aquello que le dé vida, la libertad es también una característica humana fundamental para la consecución de la felicidad y el bienestar.

Por último, encontramos al *trabajo productivo* como otra de las cualidades humanas que permiten al hombre su realización plena.

> El hombre es lanzado a este mundo sin su conocimiento, consentimiento ni voluntad. En este respecto, no se diferencia del animal, de la planta o de la materia inorgánica. Pero, estando dotado de razón e imaginación, no puede contentarse con el papel pasivo de criatura, con el papel de dado que se arroja del cubilete. Se siente impulsado por el apremio de trascender el papel de criatura y la accidentalidad y pasividad de su existencia, haciéndose "creador".[143]

Creando es como el hombre se eleva por encima de la pasividad y la accidentalidad de su existencia hasta la esfera de la iniciativa y la libertad. Y no importa si engendra a los hijos (aunque los animales lo hacen, no tienen la conciencia de ser creadores), siembra semillas, produce objetos materiales, arte, ideas o relaciones de amor, porque en cada una de estas actividades el hombre trasciende el papel de criatura. Y esa actividad creadora presupone actividad y solicitud, amor a lo que se crea.

Aunque la actividad creadora y amorosa lleva al hombre a la realización y felicidad, existe también la posibilidad de querer trascender patológicamente, destruyendo la vida. Hablar de la potencialidad para el amor del hombre no supone ingenuidad sobre un hombre que en todo se caracteriza por la bondad.

La destructividad existe y está enraizada en la esencia del hombre (como Freud sostenía al describir el instinto de agresividad); pero una búsqueda de bienestar ha de superar este tipo de trascendencia negativa. "La satisfacción de la necesidad de crear conduce a la felicidad, y la destructividad al sufrimiento, más que para nadie, para el destructor mismo".[144]

Hablar del trabajo productivo en la perspectiva de Fromm no se relaciona con la actividad compulsiva dirigida a evadir a la sociedad ni como la simple relación con la naturaleza (que podría ser una dominación o adoración frente a los productos mismos de la actividad humana), sino como creación en la que el hombre se unifica con la naturaleza.

> La dicotomía básica, inherente al hombre —el nacimiento de la individualidad y el dolor de la soledad—, se disuelve en un plano superior por medio de la actividad humana espontánea. En ella el individuo abraza el mundo. No solamente su yo individual permanece intacto, sino que se vuelve más fuerte y recio. *Porque el yo es fuerte en la medida en que es activo.*[145]

Concluyo este apartado mencionando que la presentación de la propuesta de Erich Fromm en la crítica a Freud ha tenido como principal interés resaltar que el hombre está llamado a la felicidad, y para lograr su realización plena posee una serie de cualidades que le son exclusivas y que lo distancian radicalmente de los animales. Freud redujo la posibilidad de felicidad a la satisfacción instintiva y tuvo que concluir que el hombre está "condenado" a padecer en mayor o menor medida un malestar en la cultura. Sin embargo, Fromm abre la posibilidad de que la vida cultural no sólo no sea un obstáculo a la felicidad del hombre, sino el medio para adquirirla.

> [...] la tendencia hacia la salud mental, la felicidad, la armonía, el amor, la productividad, es inherente a todo ser humano que no sea un idiota mental o moral de nacimiento. Si se les da oportunidad, esas tendencias se afirman por sí mismas vigorosamente, como puede verse en incontables situaciones. Son precisas muchas constelaciones y circunstancias poderosas para pervertir y sofocar esa tendencia innata a la salud mental; y es cierto que, a lo largo de casi toda la historia conocida, ha causado esa perversión el uso del hombre por el hombre. Creer que dicha perversión es inherente al hombre, es como arrojar semillas en el suelo del desierto y pretender que no estaban destinadas a germinar.[146]

Al inicio de este tercer capítulo señalé que los indicios de la superación al malestar estarían fundamentados en las propuestas de Fromm y Marcuse. Para Fromm, es necesario introducir modificaciones en el concepto de hombre así como en la noción de felicidad (ambos aparecieron limitados en la teoría de Freud). Caso contrario es el de Marcuse. Sin llegar a modificar sustancialmente la antropología freudiana ni el concepto de felicidad, es capaz de ofrecer alternativas para la superación del malestar en la cultura, como se verá a continuación.

Marcuse: más allá del malestar en la cultura

Antes de exponer los principales planteamientos de Herbert Marcuse con relación a nuestro tema, es necesario recordar, de forma breve, los conceptos de *principio de placer* y *principio de la realidad* en Freud, pues éstos son retomados en *Eros y civilización*, obra de Marcuse en la cual se centran los planteamientos que a continuación de analizan.

En el primer capítulo, exponiendo la noción de *ello*, dijimos que el ser humano posee un conjunto de instintos biológicos, fundamentales, irracionales, cargados de energía que tiende a descargarse. Considerando esta energía, el aparato anímico del ser humano busca mantener lo más baja posible —al menos constante— la cantidad de excitación presente en él (así, cuando los instintos del ello acumulan su carga energética, espontáneamente tienden a descargarse). La tensión que se produce por la energía acumulada sin descarga provoca displacer, que el organismo tiende a evitar (el principio de placer procura, entonces, evitar el displacer).[147] Así, el principio de placer se define como "[...] una tendencia que está al servicio de una función: la de hacer que el aparato anímico quede exento de excitación, o la de mantener en él constante, o en el nivel mínimo posible, el monto de la excitación".[148] Sin embargo, las posibilidades de descarga pulsional que llevarían a ese estado de excitación mínima se ven limitadas por las restricciones sociales y culturales, además de que la autopreservación del organismo correría peligro en medio de las dificultades del mundo exterior. Por ello, se desarrolla en el individuo un principio de realidad que, "[...] sin resignar el propósito de una ganancia final de placer, exige y consigue posponer la satisfacción, renunciar a diversas posibilidades de lograrla y tolerar provisionalmente el displacer en el largo rodeo hacia el placer".[149] Por ello, el principio de realidad está al servicio del principio de placer.

Con estos elementos, es posible entender de forma más clara la propuesta de Marcuse, quien sostiene la idea de una cultura no represora de la energía instintiva, con lo que se evita el malestar y la neurosis diagnosticados por Freud.

El análisis de Marcuse sobre el principio de la realidad lo lleva a diferir de la postura freudiana. Para él, el principio de la realidad (que se manifiesta en instituciones y relaciones concretas) sustenta al ser humano en su contacto con el mundo exterior; y este mundo ha de considerarse como histórico, pues a lo largo de la civilización han existido distintas instituciones y relaciones que han permitido satisfacer las necesidades biológicas humanas de diferentes maneras.

En este sentido, Freud comete un error (desde la perspectiva de Marcuse) al explicar la relación entre principio de placer y principio de realidad de forma ahistórica. El hombre tiene necesidades, lo cual remite a una situación de carencia, de necesidad, de escasez; partiendo de esta constitución, el hombre lucha por su existencia, buscando satisfacer sus necesidades. Sin embargo, esta escasez no debe concebirse (como hace Freud) como un hecho bruto, ahistórico, ya que en realidad es consecuencia de una organización específica y de una actitud existencial específica.[150] A lo largo de la civilización, la escasez ha sido organizada de muy distintas maneras, de modo que el principio de realidad también ha sufrido modificaciones.[151] De hecho, las exigencias sociales específicas de una sociedad determinan la manera en que se organiza la satisfacción de la necesidad, y Marcuse analiza concretamente la sociedad represora que deriva del dominio de la burguesía, teniendo la conciencia de que es una forma histórica superable. Esta historicidad está presente en sus trabajos concretamente en el tema de la sexualidad, cuya organización histórica puede cambiar para dar lugar a una sociedad no represiva que evite el malestar.

En el desarrollo humano, los instintos e impulsos sexuales se fijan en diversas zonas del cuerpo —zonas erógenas—. Sin embargo, cuando la sexualidad se organiza en torno a los órganos genitales, se dice que ha llegado a su fase de madurez. Esta interpretación ha sido privilegiada en la historia de la civilización, dando lugar a una organización histórica que ha desexualizado los impulsos y sus zonas, adaptándolas a exigencias sociales específicas y prohibiendo la gratificación de los instintos y la genitalidad no procreativa, catalogándolos como perversiones.[152]

Sin embargo, la función primaria de la sexualidad sería obtener placer de las zonas del cuerpo, y la reproducción sólo sería una función secundaria. Esto implica que si el principio de realidad se puede modificar, al responder a una organización histórica concreta de la necesidad, entonces la concepción de la sexualidad que ha dominado en la historia de la civilización también puede ser modificada, permitiendo vivir dicha dimensión humana en un sentido más enriquecedor y plenificador, evitando el malestar y la represión. A continuación se expone el camino que Marcuse sigue para sustentar esta idea.

Ya que los instintos eróticos son fundamentalmente constructivos, tendientes a la fusión, Marcuse propone servirse del poder de Eros para crear una sociedad no represiva. Eros es un poder unificador y gratificante, y la única forma de establecer vínculos sociales duraderos y no represivos consistiría en liberar todo el poder erótico. Marcuse propone sexualizar de nuevo el cuerpo, no empleándolo sólo como instrumento de trabajo de tiempo completo.

En la perspectiva de Freud, sería necesario establecer siempre restricciones a los instintos, porque su liberación imposibilitaría la vida social. Desde esta posición, creyó que las relaciones interpersonales duraderas de las que depende la civilización provienen de un instinto sexual inhibido de su meta; además, afirmaba que la liberación de los instintos sexuales harían regresar la organización de la sexualidad hacia estados precivilizados. Asimismo, una liberación instintiva conduciría a que la civilización explotara, puesto que ésta sólo se mantiene gracias al trabajo y la renuncia pulsional (utilización represiva de la energía instintiva[153]). Quitando las restricciones, el hombre existiría sin trabajo ni orden, regresando a la naturaleza y destruyendo la cultura. Contra estas afirmaciones, Marcuse señala la forma en que Eros, liberado y transformado, no sólo no generaría la destrucción de la cultura, sino que la llevaría a su pleno desarrollo, conduciendo a la felicidad al ser humano (felicidad entendida como la realización de los deseos de la infancia, es decir, descarga instintiva[154]) y generando una autosublimación de la sexualidad, como más adelante explico.

La propuesta de Marcuse gira en torno a una gratificación de las necesidades individuales libremente desarrolladas, un esparcimiento de la libido, la reactivación de todas las zonas erógenas, el resurgimiento de la sexualidad polimorfa pregenital (declinando la supremacía genital y evitando reducir la sexualidad a una función al servicio de la reproducción o a una mera obtención de placer de las zonas del cuerpo). El cuerpo se volvería objeto de goce e instrumento de placer.

Evidentemente, esto produciría una desintegración de las instituciones en las que las relaciones privadas interpersonales han sido organizadas, principalmente la familia patriarcal y monogámica.[155]

Y este proceso sería, más que una liberación de la libido, una transformación de la misma. La sexualidad que había sido limitada a la supremacía genital dejaría su lugar a la erotización de toda la personalidad. La libido se esparciría en las relaciones sociales y privadas, pero no explotaría. Este libre desarrollo de la libido erotizaría zonas y relaciones que se concebían como tabúes y minimizaría las manifestaciones de la mera sexualidad, integrándolas en un orden más amplio, dentro del cual también se incluiría el trabajo (la sexualidad liberada generaría relaciones de trabajo duraderas).

Eros, así liberado, generaría una autosublimación, conduciría a la instauración de un orden comunitario ligado por lazos libidinales. La sexualidad crearía, de este modo, relaciones humanas altamente civilizadas sin estar sujeta a la organización represiva. La civilización estaría envuelta y sostenida por relaciones libidinales libres. Y estas nuevas relaciones libidinales transformarían no sólo la relación entre individuos, sino la relación con el medio ambiente. Desde esta perspectiva, la manera en que Freud entiende a Eros (tendencia a formar la sustancia viva dentro de unidades cada vez más grandes para que la vida pueda ser prolongada y llevada a un desarrollo más alto) cobraría un nuevo sentido y sería perfectamente compatible con una vida dentro de la cultura sin represión ni malestar.

> Mientras más libremente se desarrollen los instintos, más libremente se afirmará a sí misma su "naturaleza conservadora". La lucha por la gratificación *duradera* tratará no sólo de aumentar el orden de las relaciones libidinales (la "comunidad"), sino también de perpetuar este orden en una escala más alta. El principio de placer se extiende a la conciencia. Eros define a la

razón en sus propios términos. Es razonable lo que sostiene el orden de la gratificación. En el grado en que la lucha por la existencia llega a ser cooperación para el libre desarrollo y realización de las necesidades individuales, la razón represiva deja el paso a una nueva *racionalidad de la gratificación* en la que convergen razón y felicidad.[156]

Esta propuesta tiene como fundamento la naturaleza misma de los instintos, que no se agotan a sí mismos en la satisfacción inmediata, ya que tienen la capacidad para construir y utilizar barreras que intensifiquen la realización. Y las barreras contra la gratificación, al no ser usadas como instrumento de dominación, posibilitan la libertad humana y su autorrealización.

Marcuse, sin embargo, es consciente de que la propuesta que presenta conlleva problemas. Aunque los hombres existirían realmente como individuos, cada uno dándole forma a su propia vida, se enfrentarían uno a otro con necesidades diferentes y con modos de satisfacción diferentes. El predominio del principio del placer generaría antagonismos, dolores, frustraciones y conflictos individuales en la lucha por la gratificación. No obstante, "[…] estos conflictos tendrán en sí mismos valor libidinal: estarán recubiertos por la racionalidad de la gratificación. Así, esta razón *sensual* contiene sus propias leyes morales".[157]

Dentro de la propuesta de Marcuse, una vez que el principio de placer ha logrado establecer superioridad sobre el principio de la realidad, genera un mundo de simbolización y fantasía (donde predomina la imaginación) en el que el trabajo forzado es sustituido por la gratificación. Así, los símbolos proporcionados por la imaginación servirían como base para la creación de sociedades maduras. Y mientras que en las sociedades represivas predomina la imagen del héroe mítico Prometeo (que se rebela contra los dioses, que domina las fuerzas naturales y crea la civilización, simbolizando el trabajo, el esfuerzo, la productividad y el progreso por medio de la represión[158]), con el predominio del principio del placer se libera a Eros generando un orden simbólico representado por Orfeo y Narciso.

En la mitología griega el canto de Orfeo purifica el mundo animal, reconcilia al león con el cordero y al león con el hombre. Libera la naturaleza, pone en movimiento los bosques y las piedras para que participen de la alegría de existir. Por su parte, Narciso simboliza el sueño y la muerte; no sólo se ama a sí mismo, sino que vive según su propio eros en una especie de comunión universal. Ambos simbolizan la alegría, el gozo, la realización y la paz (rebelándose contra la cultura basada en el esfuerzo, la dominación y la renuncia); son símbolos de belleza y paz, significan la redención del placer, la detención del tiempo, la absorción de la muerte en un paraíso de silencio, de sueño y de noche, un Nirvana lleno de vida en el que Eros y Tánatos se reconcilian.[159] El eros órfico y narcisista despierta y libera potencialidades que son reales en las cosas animadas e inanimadas, en la naturaleza orgánica e inorgánica (aunque son reales, en la realidad sin erotismo han sido suprimidas). El ser es experimentado como gratificación que une al hombre y a la naturaleza de tal modo que la realización del hombre es al mismo tiempo la realización sin violencia de la naturaleza. Y en una nueva sociedad en donde el principio de placer predomina, la imaginación y los símbolos (que responden a Orfeo y Narciso) crean un mundo donde se satisface el deseo y se produce un libre juego de las facultades humanas.

Por último, otro problema que igualmente podría surgir se refiere al destino que deben seguir los instintos destructivos y de muerte propios del ser humano (Tánatos). Estos parecerían atentar contra la razón libidinal de que hemos hablado. Sin embargo, no es así. Según la teoría freudiana, el impulso de muerte responde al principio de Nirvana, el cual tiende hacia un estado de constante gratificación donde no se siente ninguna tensión (la materia inorgánica no experimenta cambios cuantitativos de energía y por ello responde al mismo principio), de modo que es un estado sin necesidad. Y cuando al liberar a Eros se da la gratificación (disminuyendo la tensión y reduciéndola al mínimo), el principio de placer y el de Nirvana convergen.[160] Eros, liberado de la represión, sería fortalecido y absorbería el objetivo del instinto de muerte.

> Conforme el sufrimiento y la necesidad retroceden, el principio del Nirvana puede llegar a estar reconciliado con el principio de la realidad. La atracción inconsciente que lleva al instinto hacia un "estado anterior" sería contraatacada efectivamente por el gusto obtenido en el estado de vida alcanzado. La "naturaleza conservadora" de los instintos llegaría a descansar en un presente totalmente satisfactorio.[161]

En síntesis, las teorías brevemente expuestas aquí (tanto la de Fromm como la de Marcuse) se presentarían, entonces, como una alternativa real para la superación del malestar en la cultura al que el hombre parecería estar condenado desde la perspectiva freudiana. La idea rectora de este libro se muestra, así, como algo factible, al existir algunas alternativas, vetas, caminos de solución reales al problema de la relación individuo-cultura, que en términos de Freud es siempre de represión y conflicto.

Con la presentación de las teorías de Fromm y de Marcuse no se ha pretendido, obviamente, agotar su estudio o sus implicaciones, ni exponerlas en toda su profundidad, sino sólo señalarlas como vías en las cuales se puede encontrar una alternativa para el hombre en la cultura, una alternativa esperanzadora que le recuerde su llamado a la felicidad.

CONCLUSIÓN

Gracias al tratamiento médico, Freud descubrió la dimensión inconsciente del ser humano, en la que no sólo se agrupan los recuerdos traumáticos, sino aquellos contenidos a los que la conciencia impide manifestarse por ser contrarios a las normas que el superyó y la sociedad impone. Algunos de esos contenidos logran escapar a la vigilancia de la conciencia y se manifiestan en sueños (aunque deformados), lapsus del lenguaje, etcétera.

Además de los hechos reprimidos que se encuentran en el inconsciente, éste incluye el conjunto de pulsiones o instintos, fundamentalmente eróticos y agresivos. Así, el ser humano posee tres dimensiones que constituyen su personalidad: energía instintiva —ello—, conciencia o razón —yo— y prescripciones morales —superyó—.

Ya desde esta explicación del hombre, sin considerar aún su disposición filogenética, se pueden entender las raíces de su neurosis y malestar en la cultura: la energía instintiva retenida genera tensión en el individuo, de modo que tiende a descargarse; pero muchas veces esa descarga atenta contra las normas morales para la conservación de la cultura que se imponen a la persona, por lo que se produce una sensación de displacer, malestar, neurosis.

Cuando consideramos la prehistoria humana descubrimos otra de las raíces del malestar del hombre. Freud parte de las teorías evolucionistas para sostener que la evolución de la conciencia en el individuo no es más que el compendio de la evolución de la conciencia en la historia de la especie, de modo que hay un paralelismo entre la historia del individuo y la de su especie. Además, existen ciertos contenidos del pasado que se van heredando genéticamente y que también influyen en el comportamiento de cada individuo. Así, entender el malestar del hombre se puede lograr desde un análisis de lo sucedido en la prehistoria.

Originalmente el ser humano se organizaba en hordas, dominadas por un macho fuerte que poseía a las hembras y gobernaba brutalmente. Los hijos decidieron asociarse para eliminarlo y devorarlo, apropiándose de su fuerza. Sin embargo, sobrevino un sentimiento de culpa en ellos, además de dificultades para reemplazarlo (cada hijo quería tener la autoridad), de modo que los preceptos del padre se institucionalizaron, volviéndose normas inviolables (mandatos para regular las relaciones entre los miembros del clan, como la prohibición del incesto). Cada uno limitó su satisfacción y sus deseos por el bien de la comunidad. Así, la evolución cultural se vuelve un proceso conflictivo entre el deseo de satisfacción individual y las imposiciones del grupo, resultando malestar y neurosis para el ser humano.

La posibilidad de escapar al malestar radicaría en la sublimación, pero esta canalización de la energía instintiva es parcial (al no ser directa) y genera grandes sacrificios y desgaste. Freud reconoce, entonces, que no es posible hablar de cultura sin represión y, por ende, sin malestar.

Creyendo en la posibilidad de una vida cultural sin conflicto, apacible, en bienestar, he presentado las propuestas de Fromm y Marcuse como indicios de que es posible encontrar en la teoría de Freud huecos por donde "filtrar la esperanza".

Fromm admite que el hombre es un ser pulsional, pero reconoce que, aun satisfechas sus necesidades biológicas, él no está del todo satisfecho. Así, cuestiona el hecho de que Freud reduzca la dicha para el ser humano a mera descarga pulsional, pues cree que se ha olvidado de hablar de las dicotomías existenciales, los problemas humanos más inquietantes, que sólo pueden ser resueltos mediante el amor, la razón, la libertad y el trabajo productivo. Según Fromm, considerando estos aspectos y desarrollándolos positivamente el hombre puede realizarse plenamente dentro de la cultura, no importando que ésta tenga normas.

Marcuse, por su parte, realiza otro tipo de crítica a la teoría de Freud (acusando a Fromm de haberse desprendido de elementos sustanciales de la teoría freudiana), y cree en la posibilidad de una civilización no represiva. Para ello estudia los distintos modos en que se ha organizado históricamente la escasez humana —necesidad de satisfacción— y concluye que la civilización, a lo largo de su historia, ha desexualizado los impulsos humanos y sus zonas, adaptándolos a exigencias sociales específicas y prohibiendo la gratificación de los instintos y la genitalidad no procreativa. Así, Marcuse propone enriquecer y plenificar la sexualidad como posibilidad de superar el malestar cultural. Para crear auténticos vínculos sociales, sería necesario liberar todo el poder de Eros, sexualizando todo el cuerpo y no sólo viéndolo como instrumento de trabajo. La sexualidad dejaría de limitarse a la supremacía genital, dejando su lugar a la erotización de toda la personalidad. Este libre desarrollo de la libido erotizaría zonas y relaciones que se concebían como tabúes, generaría relaciones de trabajo duraderas y conduciría a la instauración de un orden comunitario ligado por lazos libidinales. La sexualidad crearía, de este modo, relaciones humanas altamente civilizadas sin estar sujeta a la organización represiva. Finalmente, esta liberación de Eros, al estilo órfico y narcisista, despierta potencialidades reales en las cosas animadas e inanimadas, el ser se ve como gratificación, y se genera un nuevo mundo de imaginación y simbolización donde se desarrollan libremente las facultades humanas.

De esta manera, las críticas a Freud se resumen fundamentalmente en dos aspectos: 1) al estudiar al hombre, parece reducirlo en su búsqueda de la felicidad a lo esencial de la animalidad (pulsiones que buscan descarga), dejando de lado elementos verdaderamente propios que son los que dan lugar a la resolución de sus dicotomías existenciales; dichos elementos serían la libertad, la razón, el trabajo productivo y el amor; así, habría aquí un concepto reductivo de felicidad; 2) Freud explica la relación entre principio de placer y principio de realidad de forma ahistórica; pero la escasez no debe concebirse como un hecho bruto, pues es consecuencia de una organización específica y de una actitud existencial específica; esto implicaría que la organización histórica de la sexualidad puede cambiar, dando lugar a una sociedad no represiva que evite el malestar.

Con estos elementos se pueden establecer matices en la teoría antropológica freudiana (además de las posibilidades que ofrezcan otros autores) para generar caminos que posibiliten al hombre vivir en sociedad sin estar condenado a un malestar perpetuo.

BIBLIOGRAFÍA

ABBAGNANO, Nicola. *Diccionario de Filosofía*, Fondo de Cultura Económica, México, 1994.

DESCARTES, René. *Meditaciones metafísicas*, Alfaguara, Madrid, 1977.

FREIJÓ, Enrique. *El psicoanálisis de Freud y la psicología de la moral*, Ed. Razón y Fe, Madrid, 1966.

FREUD, Sigmund. *Presentación autobiográfica* en *Obras completas*, vol. XX, Amorrortu, Buenos Aires, 1998.

FREUD, Sigmund. *¿Pueden los legos ejercer el análisis?* en *Obras completas*, vol. XX, Amorrortu, Buenos Aires, 1998.

FREUD, Sigmund. *Conferencias de introducción al psicoanálisis* en *Obras completas*, vol. XVI, Amorrortu, Buenos Aires, 1992.

FREUD, Sigmund. *El malestar en la cultura* en *Obras completas*, vol. XXI, Amorrortu, Buenos Aires, 1998.

FREUD, Sigmund. *El porvenir de una ilusión* en *Obras completas*, vol. XXI, Amorrortu, Buenos Aires, 1998.

FREUD, Sigmund. *El yo y el ello* en *Obras completas*, vol. XIX, Amorrortu, Buenos Aires, 1997.

FREUD, Sigmund. *Introducción al narcisismo* en *Obras completas*, vol. XIV, Amorrortu, Buenos Aires, 1998.

FREUD, Sigmund. *Introducción al psicoanálisis*, Alianza, Madrid, 1986.

FREUD, Sigmund. *La interpretación de los sueños* en *Obras completas*, vol. V, Amorrortu, Buenos Aires, 1993.

FREUD, Sigmund. *Lo inconsciente* en *Obras completas*, vol. XIV, Amorrortu, Buenos Aires, 1998.

FREUD, Sigmund. *Los sueños* en *Obras completas en CD-ROM*, Ed. Nueva Hélade, 1995.

FREUD, Sigmund. *Más allá del principio de placer* en *Obras completas*, vol. XVIII, Amorrortu, Buenos Aires, 1997.

FREUD, Sigmund. *Más allá del principio del placer* en *Obras completas en CD-ROM*, Ed. Nueva Hélade, 1995.

FREUD, Sigmund. *Moisés y la religión monoteísta* en *Obras completas*, vol. XXIII, Amorrortu, Buenos Aires, 1997.

FREUD, Sigmund. *Psicología de las masas y análisis del yo* en *Obras completas*, vol. XVIII, Amorrortu, Buenos Aires, 1975.

FREUD, Sigmund. *Tótem y tabú* en *Obras completas*, vol. XV, Amorrortu, Buenos Aires, 1997.

FREUD, Sigmund. *Tres ensayos de teoría sexual* en *Obras completas*, vol. VII, Amorrortu, Buenos Aires, 1992.

FREUD, Sigmund. *Un recuerdo infantil de Leonardo da Vinci* en *Obras completas*, vol. XI, Amorrortu, Buenos Aires, 1992.

FROMM, Erich. *El arte de amar*, Paidós, México, 1984.

FROMM, Erich. *El corazón del hombre*, Fondo de Cultura Económica, México, 1979.

FROMM, Erich. *El miedo a la libertad*, Paidós, Barcelona, 1980.

FROMM, Erich. *Ética y psicoanálisis*, Fondo de Cultura Económica, México, 1985.

FROMM, Erich. *Grandeza y limitaciones en el pensamiento de Freud*, Siglo XXI, México, 1991.

FROMM, Erich. *La misión de Sigmund Freud*, Fondo de Cultura Económica, México, 1990.

FROMM, Erich. *Psicoanálisis de la sociedad contemporánea*, Fondo de Cultura Económica, México, 1987.

GONZÁLEZ, Juliana. *El malestar en la moral*, Ed. Joaquín Mortiz, México, 1986.

HESNARD, A. *De Freud a Lacan*, Ed. Martínez Roca, Barcelona, 1976.

KALIVODA, Robert. *Marx y Freud*, Anagrama, Barcelona, 1975.

MARCUSE, Herbert. *Eros y civilización*, Ariel, Barcelona, 1981.

RICOEUR, Paul. *Freud: una interpretación de la cultura*, Siglo XXI, México, 1987.

ROZITCHNER, León. *Freud y el problema del poder*, Folios Ediciones, México, 1982.

THOMPSON, Clara. *El psicoanálisis*, Fondo de Cultura Económica, México, 1983.

TRIGG, Roger. *Concepciones de la naturaleza humana*, Alianza, Madrid, 2001.

UREÑA, Enrique M. *La teoría de la sociedad de Freud*, Tecnos, Madrid, 1977.

NOTAS

[1] Nicola Abbagnano, *Diccionario de Filosofía*, Fondo de Cultura Económica, México, 1994, p. 1103.

[2] René Descartes, *Meditaciones metafísicas*, Alfaguara, Madrid, 1977, pp. 65-66.

[3] Paul Ricoeur, *Freud: una interpretación de la cultura*, Siglo XXI, México, 1987, p. 368.

[4] Expresión que acuñó Paul Ricoeur en 1965 para referirse a las filosofías de Marx, Nietzsche y Freud, a los que llama los "maestros de la sospecha" o "los que arrancan las máscaras", ya que expresan, cada uno desde perspectivas diferentes, la entrada en crisis de la filosofía de la modernidad, al desvelar cada uno de estos autores la insuficiencia de la noción de sujeto, y al descubrir un significado oculto detrás de las producciones de la conciencia racional: Marx desvela la ideología como falsa conciencia o conciencia invertida; Nietzsche desenmascara los falsos valores; Freud pone al descubierto los disfraces de las pulsiones inconscientes. El triple desenmascaramiento que ofrecen estos autores pone en cuestión los ideales ilustrados de la racionalidad humana, de la búsqueda de la felicidad y de la búsqueda de la verdad. Esta sospecha, según Ricoeur, engendra un problema nuevo: "el de la mentira de la conciencia,

el de la conciencia como mentira". A pesar de las grandes diferencias que las separan, las filosofías de Marx, Nietzsche y Freud muestran las carencias de la noción fundante de sujeto, que había sido el punto de partida sobre el cual (arrancando del modelo del *cogito* cartesiano) se había elaborado la filosofía moderna. Estos autores han señalado que, más allá de la noción clásica de sujeto se esconden unos elementos condicionantes, lo que permite sospechar la falacia que representa modelar una filosofía o una interpretación sobre esta noción, y sobre la también sospechosa noción de conciencia. Marx, Nietzsche y Freud han mostrado desde diferentes puntos de vista que no hay realmente sujeto fundador ni una conciencia propia de dicho sujeto, y han señalado cómo en la base de esta noción se esconden una serie de elementos sociales, económicos e ideológicos; una moralidad recibida y engendrada a partir de un resentimiento contra la vida, o un inconsciente que rige los actos de la conciencia. De esta manera, el sujeto no es constitutivo de sí mismo, sino que es expresión de condicionantes históricos, sociales, morales y psíquicos. La noción de conciencia pierde, pues, su pretendido carácter regulador, y se hace patente la necesidad de reconsiderar la noción clásica de interpretación, entendida como relación de la conciencia con el sentido, ya que la misma noción de sujeto debe considerarse a partir de estos elementos que lo constituyen, es decir, la historia, la moral y la estructura psíquica inconsciente. Por ello se precisa una hermenéutica que cuestione radicalmente la noción misma del sentido en función de la historia, la moral y la metapsicología, es decir, que se constituya como ciencia mediata del sentido, irreductible a la conciencia inmediata de éste. *Cfr. Ibid.,* pp. 32-35.

[5] Ampliando la concepción de *filosofía de la sospecha* y aplicándola a la teoría freudiana, se puede afirmar que detrás de un fenómeno *manifiesto* (sintomático, onírico, cultural, etcétera) se encuentra otro fenómeno *latente*, al que está ligado según una conexión causal. Lo que aparece en la superficie no es sino efecto de algo situado en las profundidades (en el inconsciente), de modo que todo ha de estar estrictamente determinado en el pasado y ahí ha de encontrar su explicación. Este postulado es de gran importancia para la filosofía, ya que la tradición había considerado, como he explicado antes, que el sujeto se constituía en fundamento, no sólo del conocimiento sino también de la realidad entera. Se pretendía alcanzar una verdad absoluta de la cual el fundamento era dicho sujeto, un fundamento solipsista que giraba alrededor de la conciencia y la razón. Cuando Freud enuncia su teoría sobre el inconsciente, en el cual se esconden los instintos, primero eróticos y luego también los destructivos, cuestiona profundamente tal postura moderna del sujeto metafísico como ser plenamente consciente, permanente y racional.

[6] Sigmund Freud, *Presentación autobiográfica* en Freud, *Obras completas*, vol. XX, Amorrortu, Buenos Aires, 1998, p. 28.

[7] *Cfr. Ibid.*, p. 29.

[8] *Cfr.* A. Hesnard, *De Freud a Lacan*, Ed. Martínez Roca, Barcelona, 1976, p. 52.

[9] *Cfr. Ibid.*, p. 39.

[10] Según Freud, para los filósofos "[…] *consciente* y *psíquico* eran idénticos y aseveraban no poder representarse un absurdo como lo *anímico inconsciente*". Sigmund Freud, *Presentación autobiográfica*, p. 30.

[11] Sigmund Freud, *Introducción al psicoanálisis*, Alianza, Madrid, 1986, p. 81.

[12] Sigmund Freud, *Más allá del principio del placer* en Freud, *Obras completas en CD-ROM*, Ed. Nueva Hélade, 1995.

[13] Sigmund Freud, *Introducción al psicoanálisis*, p. 86.

[14] *Ibid.*, p. 85.

[15] *Ibid.*, p. 123.

[16] Sigmund Freud, *Los sueños* en Freud, *Obras completas en CD-ROM*, Ed. Nueva Hélade, 1995.

[17] *Idem.*

[18] *Idem.*

[19] Sigmund Freud, *Introducción al psicoanálisis*, p. 152.

[20] *Ibid.*, p. 153.

[21] Paul Ricoeur, *op. cit.*, p. 137.

[22] La condensación consiste en el hecho de que muchas ideas se agrupan en una sola, con lo cual resulta confusa la identificación de cada una de las ideas por separado; el desplazamiento radica en que un elemento latente queda reemplazado por otro elemento de menor importancia, de modo que el sueño adquiere un diferente centro y un aspecto que nos desorienta; la dramatización o figuración es la transformación de una idea en una situación o imagen visual.

[23] Sigmund Freud, *Los sueños* en Freud, *Obras completas en CD-ROM*.

[24] El *principio de placer* lleva a buscar la satisfacción de los deseos (de tipo sexual o de autoconservación) y necesidades básicas; el *principio de realidad* manifiesta la oposición del mundo externo a dichos deseos de satisfacción.

[25] *Cfr.* Robert Kalivoda, *Marx y Freud*, Anagrama, Barcelona, 1975, pp. 42-43.

26 Sigmund Freud, *La interpretación de los sueños* en Freud, *Obras completas*, vol. V, Amorrortu, Buenos Aires, 1993, p. 534.

27 León Rozitchner, *Freud y el problema del poder*, Folios Ediciones, México, 1982, p. 27.

28 *Cfr.* Sigmund Freud, *El yo y el ello* en Freud, *Obras completas*, vol. XIX, Amorrortu, Buenos Aires, 1997, p. 17.

29 Sigmund Freud, *Lo inconsciente* en Freud, *Obras completas*, vol. XIV, Amorrortu, Buenos Aires, 1998, p. 186.

30 *Cfr.* Sigmund Freud, *El yo y el ello*, p. 21.

31 *Cfr. Ibid.*, p. 25.

32 *Cfr.* Robert Kalivoda, *op. cit.*, p. 26.

33 *Cfr.* Juliana González, *El malestar en la moral*, Ed. Joaquín Mortiz, México, 1986, pp. 206-207.

34 *Cfr.* Sigmund Freud, *Tres ensayos de teoría sexual* en Freud, *Obras completas*, vol. VII, Amorrortu, Buenos Aires, 1992, pp. 166, 180, 189.

35 Antes de que la libido se fije definitivamente en el Complejo de Edipo, existió "[…] una época sin ningún objeto de esa índole. De ahí resultó la concepción, básica para una teoría de la libido, de un estado en que ella llena al yo propio, lo ha tomado como objeto. Podía llamárselo "narcisismo" o amor de sí mismo. Reflexionando en torno a esto, se concluyó que en verdad él nunca es cancelado del todo; durante la vida entera el yo sigue siendo el gran reservatorio de libido de la cual son emitidas investiduras de objeto y al cual la libido puede influir desde los objetos. Por tanto la libido narcisista se traspone de continuo en libido de objeto y a la inversa". Sigmund Freud, *Presentación autobiográfica*, p. 52.

36 Una zona erógena es un punto excitable del cuerpo.

[37] Freud ejemplifica esta etapa con el chupeteo, considerando que como la pulsión no se dirige a otra persona, se satisface en el cuerpo propio, es *autoerótica. Cfr.* Sigmund Freud, *Tres ensayos de teoría sexual*, p. 164.

[38] Freud afirma que "[…] en la niñez la pulsión sexual *no está centrada* y al principio carece de objeto, vale decir, es *autoerótica". Ibid.*, p. 213.

[39] Freud apunta que "[…] las primeras satisfacciones sexuales autoeróticas son vivenciadas a remolque de funciones vitales que sirven a la autoconservación. Las pulsiones sexuales se apuntalan al principio en la satisfacción de las pulsiones yoicas, y sólo más tarde se independizan de ellas; ahora bien, ese apuntalamiento sigue mostrándose en el hecho de que las personas encargadas de la nutrición, el cuidado y la protección del niño devienen los primeros objetos sexuales; son, sobre todo, la madre o su sustituto". Sigmund Freud, *Introducción al narcisismo* en Freud, *Obras completas,* vol. XIV, Amorrortu, Buenos Aires, 1998, p. 84.

[40] Freud no se expresa suficientemente sobre el concepto de *razón,* aunque parece identificarlo con la conciencia del yo.

[41] Sigmund Freud, *Tres ensayos de teoría sexual*, p. 206 n.

[42] Para Freud "[…] en el Complejo de Edipo la libido se muestra ligada a la representación de la persona de los progenitores". Sigmund Freud, *Presentación autobiográfica,* p. 52.

[43] *Cfr.* Sigmund Freud, *Tres ensayos de teoría sexual*, p. 206 n.

[44] Aparece la noción de lo malo, como aquello por lo cual el niño es amenazado con la pérdida del amor de sus padres.

[45] El narcisismo es un estado intermedio entre el autoerotismo y el amor de objeto. Para Freud el término *narcisismo* designa aquella conducta por la que un individuo da a su cuerpo propio un trato parecido al que daría al cuerpo de

un objeto sexual: lo mira con complacencia, lo acaricia, lo mima, alcanza en él la satisfacción plena. Es el complemento libidinoso del egoísmo inherente a la pulsión de autoconservación. *Cfr.* Sigmund Freud, *Introducción al narcisismo*, p. 71. "La libido narcisista se vuelca a los objetos, deviniendo en libido de objeto que puede volver a mudarse en libido narcisista". Sigmund Freud, *El malestar en la cultura* en Freud, *Obras completas,* vol. XXI, Amorrortu, Buenos Aires, 1998, p. 113.

[46] *Cfr. Ibid.,* p. 137.

[47] "Para la concepción psicoanalítica, aún las perversiones más raras y repelentes se explican como exteriorización de pulsiones parciales sexuales que se han sustraído del primado genital y salen a la caza de la ganancia de placer como en las épocas primordiales del desarrollo libidinal, vale decir, de manera autónoma". Sigmund Freud, *Presentación autobiográfica*, p. 36.

[48] *Cfr.* Sigmund Freud, *El malestar en la cultura,* pp. 115-116.

[49] *Cfr. Ibid.,* p. 105.

[50] *Ibid.,* p. 114.

[51] *Idem.*

[52] *Ibid.,* p. 108.

[53] *Ibid.,* p. 117.

[54] Sigmund Freud, *Tres ensayos de teoría sexual*, p. 118.

[55] Sigmund Freud, *Moisés y la religión monoteísta* en Freud, *Obras completas,* vol. XXIII, Amorrortu, Buenos Aires, 1997, p. 77.

[56] *Ibid.,* p. 95.

[57] *Cfr.* Roger Trigg, *Concepciones de la naturaleza humana,* Alianza, Madrid, 2001, p. 227.

[58] Los estudios de Gregorio Mendel sobre genética parecieron destruir la teoría lamarckiana, al asegurar que las circunstancias ambientales podían ejercer influencia en el cuerpo del organismo, pero no en su codificación genética que es la que se transmite a los descendientes. A pesar del conflicto entre estas posturas, Freud cree imposible prescindir del factor de evolución biológica, con lo cual podía extender los resultados de la psicología individual a la psicología colectiva. Cree, por tanto, que las nuevas teorías no son convincentes, mientras las antiguas le han permitido fundamentar su teoría. *Cfr.* Sigmund Freud, *Moisés y la religión monoteísta*, p. 127.

[59] *Ibid.*, p. 94.

[60] *Idem.*

[61] *Ibid.*, p. 97.

[62] *Cfr. Ibid.*, p. 77.

[63] *Cfr.* Sigmund Freud, *Tótem y tabú* en Freud, *Obras completas*, vol. XV, Amorrortu, Buenos Aires, 1997, p. 128.

[64] Con respecto a la influencia de Darwin Freud dice: "La teoría de Darwin, reciente en aquel tiempo, me atrajo poderosamente porque prometía un extraordinario avance en la comprensión del universo". *Ibid.*, p. 8. Posteriormente se desligó de la influencia de Darwin, ya que "[…] la horda primordial darwiniana no deja espacio alguno para los comienzos del totemismo. Hay ahí un padre violento, celoso, que se reserva todas las hembras para sí y expulsa a los hijos varones cuando crecen; y nada más". *Ibid.*, p. 143.

[65] Freud atribuye a Atkinson el concepto de "banquete totémico". *Cfr.* Sigmund Freud, *Presentación autobiográfica*, p. 63.

[66] *Cfr.* Sigmund Freud, *Moisés y la religión monoteísta*, p. 126.

[67] *Cfr.* Sigmund Freud, *Presentación autobiográfica*, p. 62.

[68] Robert Kalivoda, *op. cit.*, p. 26.

[69] Sigmund Freud, *El malestar en la cultura*, p. 88.

[70] Sigmund Freud, *El porvenir de una ilusión* en Freud, *Obras completas*, vol. XXI, Amorrortu, Buenos Aires, 1998, pp. 5-6.

[71] Sigmund Freud, *El malestar en la cultura*, p. 89.

[72] *Cfr.* Robert Kalivoda, *op. cit.*, p. 70.

[73] *Cfr.* Sigmund Freud, *El malestar en la cultura*, p. 99.

[74] *Ibid.*, pp. 93-94.

[75] Se considera el animismo como la teoría de los seres espirituales y no sólo del alma, como su sentido etimológico indicaría. *Cfr.* Sigmund Freud, *Tótem y tabú*, p. 79.

[76] En un modelo de sociedad patriarcal.

[77] *Cfr.* Sigmund Freud, *Tótem y tabú*, p. 143.

[78] Los fenómenos inconscientes son fundamentales en el desarrollo de la vida orgánica y de la inteligencia, y los actos conscientes derivan de un sustrato inconsciente creado por influencias hereditarias, tal como expuse anteriormente. Ahí están las innumerables huellas ancestrales que son el alma de una raza. Para Freud, la mayoría de nuestras acciones cotidianas son efecto de motivos ocultos que escapan a nuestro conocimiento. Hacia este inconsciente se dirigen las pulsiones que son reprimidas por imperativos, de manera que no se cancelan ni desaparecen. La prohibición impide que la pulsión se manifieste, lo que provoca una enfermedad obsesiva. El placer pulsional se desplaza continuamente a fin de escapar al bloqueo en que se encuentra y procura conseguir objetos y acciones sustitutivos para lo prohibido. A cada nuevo empuje de la libido reprimida la prohibición responde haciéndose más severa. Es una ley de contracción de la neurosis el hecho de que las acciones obsesivas entran cada vez más al servicio de la

pulsión y se aproximen continuamente a la acción originariamente prohibida. Para Freud existe una concordancia entre las prohibiciones obsesivas en los neuróticos y el tabú.

[79] *Cfr.* Sigmund Freud, *Psicología de las masas y análisis del yo* en Freud, *Obras completas*, vol. XVIII, Amorrortu, Buenos Aires, 1975, p. 81.

[80] "El banquete totémico era la celebración recordatoria de aquel asesinato enorme, del que nació la conciencia de culpa de la humanidad (el pecado original) y con el cual se iniciaron la organización social, la religión y la limitación ética". Sigmund Freud, *Presentación autobiográfica*, p. 63.

[81] *Cfr.* Sigmund Freud, *El malestar en la cultura*, p. 96.

[82] *Ibid.* p. 85.

[83] *Cfr.* Roger Trigg, *op. cit.*, p. 230.

[84] *Idem.*

[85] En el niño, Eros aparece como el deseo sexual por la madre, mientras Tánatos aparece como la fuerza que motiva al superyó; por ello el superyó vuelca sobre el propio sujeto la fuerza destructiva, torturándolo, martirizándolo con sentimientos de culpa. *Cfr.* Juliana González, *op. cit.*, p. 222.

[86] "En contra de lo que suele creerse, la moral no extermina los 'malos' impulsos del cuerpo (y del alma); si acaso los detiene, hasta cierto punto, y sobre todo los esconde y los reprime, pero no los elimina ni los supera. El sueño es testimonio patente de que el 'mal' (como quiera que éste se conciba) sigue viviendo en el hombre y buscando su realización". *Ibid.*, p. 67.

[87] *Cfr.* Sigmund Freud, *El malestar en la cultura*, pp. 76-77.

[88] *Cfr. Ibid.*, p. 75.

[89] *Ibid.*, p. 83.

[90] *Cfr. Ibid.*, p. 102.

⁹¹ Según Freud, la cultura tiene como bases Eros y Ananké, así que el amor que fundó la cultura sigue activo en las familias con la función de ligar entre sí un mayor número de seres humanos y responder al interés de la comunidad de trabajo. De este modo, *amor* designa el vínculo entre varón y mujer que fundaron una familia sobre la base de sus necesidades genitales; pero también se da ese nombre a los sentimientos positivos entre padres e hijos, entre los hermanos dentro de la familia, aunque para Freud debemos describir tales vínculos como amor de meta inhibida, como ternura; y es que el amor de meta inhibida fue en su origen un amor plenamente sensual, y lo sigue siendo en el inconsciente de los seres humanos. Ambos, el amor plenamente sensual y el de meta inhibida, desbordan la familia y establecen nuevas ligazones con personas hasta entonces extrañas. El amor genital lleva a la formación de nuevas familias; el de meta inhibida a fraternidades que alcanzan importancia cultural porque escapan a muchas de las limitaciones del amor genital, por ejemplo a su carácter exclusivo.

⁹² Sigmund Freud, *El malestar en la cultura*, p. 106.

⁹³ *Ibid.*, p. 109.

⁹⁴ Enrique M. Ureña, *La teoría de la sociedad de Freud*, Tecnos, Madrid, 1977, p. 121.

⁹⁵ *Cfr.* Sigmund Freud, *El malestar en la cultura*, p. 137.

⁹⁶ El sentido con que Freud emplea las palabras *moral* y *eticidad* (o ética) es similar: preceptos que regulan la vida del hombre y que son impuestos desde fuera por una autoridad. Por ejemplo: Freud habla del superyó entendido como conciencia moral (*Cfr.* Sigmund Freud, *¿Pueden los legos ejercer el análisis?* en Freud, *Obras completas*, vol. XX,

Amorrortu, Buenos Aires, 1998, p. 209), la cual es entendida como regulación de la conducta mediante normas, pero también habla del superyó como subrogante de los reclamos éticos del ser humano (*Cfr.* Sigmund Freud, *Presentación autobiográfica*, p. 55), por lo que se refiere a una misma instancia, el superyó, que regula la vida mediante preceptos, llámese a esto ética o moral.

[97] Sigmund Freud, *Moisés y la religión monoteísta*, p. 115.

[98] Entendemos por neurosis la aparición de síntomas patológicos y sufrimiento en el individuo debidos a la imposibilidad de satisfacer los deseos y pulsiones; surge como una satisfacción patológica sustitutiva. En la psicosis se pierde ya el contacto con la realidad, produciéndose alucinaciones.

[99] *Cfr.* Sigmund Freud, *El malestar en la cultura*, pp. 134, 136.

[100] Robert Kalivoda, *op. cit.*, p. 35.

[101] *Cfr.* Enrique Freijó, *El psicoanálisis de Freud y la psicología de la moral*, Ed. Razón y Fe, Madrid, 1966, pp. 24-25.

[102] *Cfr.* Sigmund Freud, *El malestar en la cultura*, p. 84.

[103] Sigmund Freud, *Presentación autobiográfica*, p. 60.

[104] Sigmund Freud, *Conferencias de introducción al psicoanálisis* en Freud, *Obras completas*, vol. XVI, Amorrortu, Buenos Aires, 1992, pp. 342-343.

[105] *Cfr.* Sigmund Freud, *Un recuerdo infantil de Leonardo da Vinci* en Freud, *Obras completas*, vol. XI, Amorrortu, Buenos Aires, 1992.

[106] Sigmund Freud, *Introducción al narcisismo*, p. 91.

[107] Sigmund Freud, *El malestar en la cultura*, p. 76.

[108] *Idem.*

[109] Hay que aclarar que ambos autores difieren entre sí al interpretar la teoría freudiana. Incluso Marcuse dedica la última parte de su obra *Eros y civilización* a una crítica del

revisionismo neofreudiano, que para él se ha separado de algunos postulados esenciales de Freud. Sin embargo, en este libro no se analiza la diferencia entre ambas posturas, pues lo que se pretende es presentar algunas alternativas para superar el malestar en la cultura, no importando que éstas sean distintas e incluso opuestas entre sí.

[110] Sigmund Freud, *El malestar en la cultura*, p. 76.

[111] *Cfr. Ibid.*, p. 85.

[112] *Cfr.* Erich Fromm, *El miedo a la libertad*, Paidós, Barcelona, 1980, pp. 9-10.

[113] *Ibid.*, pp. 32-33.

[114] *Cfr. Ibid.*, pp. 34-35.

[115] Erich Fromm, *Ética y psicoanálisis*, Fondo de Cultura Económica, México, 1985, p. 35.

[116] Juliana González, *op. cit.*, pp. 277-278.

[117] Erich Fromm, *Ética y psicoanálisis*, p. 59.

[118] "La existencia animal es una existencia armónica entre el animal y la naturaleza; no, desde luego, en el sentido de que las circunstancias naturales no amenacen con frecuencia al animal y le obliguen a sostener una ruda lucha para subsistir, sino en el sentido de que el animal está equipado por la naturaleza para hacer frente a las mismas circunstancias que va a encontrar". Erich Fromm, *Psicoanálisis de la sociedad contemporánea*, Fondo de Cultura Económica, México, 1987, p. 26.

[119] *Cfr.* Erich Fromm, *Ética y psicoanálisis*, p. 52.

[120] L. Bernard, citado por Erich Fromm, *El miedo a la libertad*, p. 54

[121] *Ibid.*, pp. 54-55.

[122] Erich Fromm, *Ética y psicoanálisis*, pp. 52-54.

[123] *Ibid.*, p. 58.

[124] *Ibid.*, p. 205.

[125] Erich Fromm, *Psicoanálisis de la sociedad contemporánea*, p. 170.

[126] Erich Fromm, *El arte de amar*, Paidós, México, 1984, p. 20.

[127] *Cfr.* Erich Fromm, *El miedo a la libertad*, p. 41.

[128] Erich Fromm, *Psicoanálisis de la sociedad contemporánea*, p. 34.

[129] *Ibid.*, p. 35.

[130] *Cfr.* Erich Fromm, *El miedo a la libertad*, p. 41.

[131] Sigmund Freud, *El malestar en la cultura*, p. 108.

[132] *Cfr. Ibid.*, p. 100.

[133] *Cfr.* Erich Fromm, *El arte de amar*, p. 90.

[134] Sigmund Freud, *El malestar en la cultura*, p. 100.

[135] *Idem.*

[136] Erich Fromm, *El arte de amar*, p. 18.

[137] Erich Fromm, *Psicoanálisis de la sociedad contemporánea*, p. 60.

[138] Erich Fromm, *El corazón del hombre*, Fondo de Cultura Económica, México, 1979, p. 154.

[139] *Ibid.*, p. 156.

[140] *Idem.*

[141] *Ibid.*, pp. 161-162.

[142] *Ibid.*, p. 175.

[143] Erich Fromm, *Psicoanálisis de la sociedad contemporánea*, p. 38.

[144] *Ibid.*, p. 39.

[145] Erich Fromm, *El miedo a la libertad*, p. 287.

[146] *Ibid.*, pp. 228.

[147] *Cfr.* Sigmund Freud, *Más allá del principio de placer* en Freud, *Obras completas*, vol. XVIII, Amorrortu, Buenos Aires, 1997, pp. 7-10.

[148] *Ibid.*, p. 60.

[149] *Ibid.*, p. 10.

[150] *Cfr.* Herbert Marcuse, *Eros y civilización*, Ariel, Barcelona, 1981, p. 46.

[151] Marcuse analiza, a partir de estos presupuestos, el principio de realidad de una sociedad concreta: la burguesa, que se basa en la dominación y la productividad. En este libro no pretendo adentrarme en dicho análisis. Más bien retomo la organización histórica del principio de la realidad en su función desexualizante.

[152] La cultura obtiene gran parte de la energía que necesita para mantenerse de la sexualidad. Los impulsos del trabajo, por ejemplo, son alimentados por una sexualidad inhibida de su meta. La libido se concentra en una sola parte del cuerpo, dejando casi todo el resto libre para utilizarlo como instrumento de trabajo. Por otra parte, la moral civilizada ha rechazado la idea de concebir al cuerpo como mero objeto, medio e instrumento de placer, convirtiendo este uso en una degeneración propia de prostitutas, degenerados y pervertidos.

[153] *Cfr.* Herbert Marcuse, *op. cit.*, p. 166.

[154] *Cfr. Ibid.*, p. 190.

[155] *Cfr. Ibid.*, p. 188.

[156] *Ibid.*, p. 207. Así, Marcuse propone la creación de una razón libidinal que promueva el progreso hacia formas más altas de libertad civilizada.

[157] *Ibid.*, p. 211.

[158] *Cfr. Ibid.*, pp. 154-155.

[159] *Idem.*

[160] *Cfr. Ibid.*, p. 216.

[161] *Ibid.*, p. 217.

ACERCA DEL AUTOR

Luis Arturo Pelayo Gutiérrez es licenciado en filosofía y maestro en filosofía y crítica de la cultura por la Universidad Intercontinental (Ciudad de México), así como doctor en filosofía por la Universidad Iberoamericana (Ciudad de México). Ha sido profesor de cátedra por más de una década en el área de humanidades del Instituto Tecnológico y de Estudios Superiores de Monterrey, en los campus Ciudad de México y Santa Fe. En 2001 obtuvo el primer lugar en el "Certamen Nacional de Ensayo sobre Valores", organizado por la Federación de Instituciones Mexicanas Particulares de Educación Superior (FIMPES), y en 2016 recibió el "Reconocimiento por desempeño académico" como profesor del Departamento de Humanidades del Tecnológico de Monterrey, campus Santa Fe. De forma paralela a su actividad académica, ha desarrollado su trayectoria profesional en el ámbito editorial, en la Organización para la Cooperación y el Desarrollo Económicos, en la revista *El Mundo del Abogado* y como editor de las obras de filosofía en el el Fondo de Cultura Económica (editorial en la que recibió en 2006 el "Premio a la Efectividad, Transparencia e Innovación").

www.ingramcontent.com/pod-product-compliance
Lightning Source LLC
Chambersburg PA
CBHW031241250726
48655CB00005B/2039